社会を変える
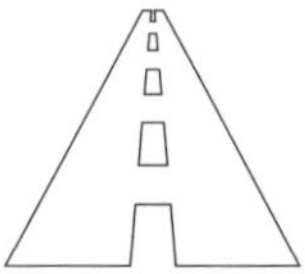
旅に出よう

地域政策デザインが創り出す新たな未来

石丸修平
Shuhei Ishimaru

梓書院

はじめに

私が出身地である福岡県に戻り、産学官民連携（産業界、学術界、政府、市民の協力）による取り組みを始めてからもうすぐ15年が経ちます。様々な立場で活動を進める中で、世の中が大きく変わってきていることを実感しています。IoT（Internet of Things、モノのインターネット）、ビッグデータ、人工知能（ＡＩ）、ロボットなどの技術革新により、これまで不可能と思われていた社会が実現可能な時代になりました。不確実性の高い時代において、環境変化に柔軟に対応し競争力を維持するためには、組織内外の資源を再結合・再構成することが必須です。イノベーションを支える無形資産投資（知識、技術、ブランドなど形のない資産への投資）の重要性、アジャイル（俊敏な）でスピード感を持った事業創出、多様化する消費者ニーズへの対応、多様性、包摂性（インクルージョン）、持続可能性の確保などが重要な論点となっています。最近では、循環型経済のサーキュラーエコノミー（資源を無駄にせず循環させる経済モデル）や環境配慮型グリーンテクノロジー（環境に優しい技術）、気候変動や健康危機等に対するレジリエンス（回復力）、インパクトイノベーション（社会に大きな影響を与える革新）などへの対応も大きな議論の的となっています。

このような時代にあって、特定の立場を持つ人達による「集権的運用」や「統治機構によるフルセット主義」だけでは、社会の変化に迅速かつ柔軟に対応することがますます難しくなってきています。これまで、私たちはマルチステークホルダー（多様な利害関係者）との連携や共創を通じた新たな価値の創出を目指し、産学官民連携と広域連携を標榜して活動を進めてきました。成功も失敗も多く経験しましたが、この方向性は今後さらに加速すると考えています。世界でも従来のあり方を超えた新しいガバナンス（統治）や、新しい時代に見合ったルールづくりが議論され、「新しいアプローチ」の必要性が語られています。

２０２０年、私は『超成長都市「福岡」の秘密　世界が注目するイノベーションの仕組み』（日本経済新聞出版社）という本を出版しました。この本では、産学官民連携によるまちづくりや、福岡をはじめ九州で地域の担い手として活躍する皆さんの、それぞれのまちづくりへの思いや関わり、取り組みなどを紹介しました。この本を読んでくださった国や全国の地方自治体、大学関係者、地域やまちづくりに関心のある多くの方々から、自分たちの地域で同様のまちづくりに関わるためにはどうしたら良いか、またそのような環境を地域にどのように作っていけば良いかといった相談を頂きました。

本書では、皆様と議論させて頂く中で特に多く頂いた以下の3つの質問について、具体的な事例を交えて考えてみたいと思っています。

「地域でそのような動きを支えるためには、どんな仕組みが必要でしょうか」

「本で紹介されているような意欲ある担い手をどのように増やしていらっしゃいますか」

「これからの国や地方の形はどうあるべきなのでしょうか」

少子高齢化が進む日本において、従来のように国に多くを頼ることは難しくなっています。国に不満をぶつけるのではなく、何かに依存するわけでもなく、自分たちの地域のことは自分たちで解決する。自分たちで地域の政策をデザインし実践する自立的な地域が増えることは、日本がより良く変わることにつながると私は信じています。地域のことを地域に任せることができれば、国は国家的なプレゼンスの向上や外交、安全保障などにより注力できるようになります。

これまでの経験を通じて強く感じているのは、「みんなでまちづくりに関わること」が大事だということです。前著の執筆を通じて、まちづくりには多くの方々の思いが結実していることを改めて実感しました。多様な意見を持つ人たち、市民も、域外の人も、色々な人たちがみんなで地域やまちづくりに意見を出し合い、議論を交わし、一人ひとりが思い思いに行動する。様々な形でまちづくりに関わることが重要です。そのためには、「政策を解放する」ことが必要だと考えています。政治家や公務員だけが政策を担うのではなく、様々な立場で政策を企画し動かしていく。そのような世の中を作っていくことはできないでしょうか。

本書が、さまざまな地域で産学官民の共創を生み出し、自立的な地域を創り、誰もが自分らしく生きられる、ひいてはより良い日本をつくるための何かしらのヒントになれば幸いです。

はじめに 01

序　章　人口減少社会に向き合う 09

第1章　社会を変える「仕組み」をつくる 15

「社会の変え方」のイノベーション 16
産学官民連携のプラットフォーム「FDC」 22
戦略の策定から推進までを一貫して行う「シンク&ドゥタンク」 26
情勢の変化を踏まえたアジャイルな政策形成 32
新たなニーズを捉えた事業のイノベーション 44
地域経済主体の対応力強化のための基盤形成 51
国際金融機能誘致 TEAM FUKUOKA 56
効果的な産学官民連携の実現に向けて 68

第2章

社会を変える「人材」をつくる　81

九州大学地域政策デザインスクール　82

地域政策デザインの実践　89

福岡県大牟田市　90

福岡県福津市　99

福岡県宮若市　110

福岡県嘉麻市　119

佐賀県小城市　128

時代に合わないルールをアップデートする　136

社会的変革を担う人材　142

第3章

社会を変える「構想」をつくる　145

トランスフォーマティブ・イノベーション　146
統治機構のイノベーション「道州制」　151
日本の地方行政制度について　158
九州における広域行政の検討　162
モデレートな「九州府」に向けて　177
九州スマートリージョン構想　190
ONE KYUSHU サミット　207
目指すべき未来像の具体化に向けて　219

おわりに　224

序　章

人口減少社会に向き合う

Confronting a Declining Population Society

日本では、20年ほど前から人口減少の問題が取り上げられています。日本全体では２００８年から総人口が減少に転じ、現在までその減少率は徐々に大きくなってきています。私が住む九州では、全国に先んじて人口減少が始まっており、２０００年の総人口１３４５万人をピークに、２００５年には１３３５万人、２０３０年には１１２３万人まで減少する見通しです。２０００年からの減少は２２２万人、約17%、これは佐賀県と長崎県、または大分県と宮崎県を合わせた人口規模に当たり、九州から県が２つ消失するほどの大きなインパクトです。

人口減少に伴い、消費市場が縮小し、公共交通の維持が困難になったり、医療・介護サービスへの依存度が高まっていくなど、それに対応するためのビジネスモデルの転換が必要となるでしょう。また、日本全体で人手不足が深刻化している中で、九州は優秀な理工系人材をはじめとする人材の競争力が大きな強みでしたが、人口減少により従来の優位性が揺らいでいくことも想定されます。

このような、人口減少社会の到来にどう立ち向かっていくのか。２０２４年７月に実施された東京都知事選挙で、候補者の広島県安芸高田市の市長だった石丸伸二さんが、公約の３本柱として「政治再建」、「都市開発」、「産業創出」を掲げ、人口減少に立ち向かうとして、「東京一極集中から多極分散を目指す」と宣言、１６５万票を獲得し2位になったことが話題になりました。石丸伸二さんは全ての政策の基本であり根本として「政治を変える」ということを主張されていましたが、私は、これからの人口減少社会に立ち向かうに当たり「社会を変える」ことが必要だと考えています。この、社会を変えるというのはどういうことか。一言で言うと「従来の価値観を変え、新しい価値観を創っていく」ことです。ここでは敢えて、「人口減少は本当に問題か」と言う提起をしたいと思います。

まず、この「問題」について触れたいのですが、政策の現場では、よく「課題」と混同されて語られることが多いように思います。問題（problem）とは、目標と現状（理想と現実）の間にあるギャップ、横たわっている現象を指し、「あるべき姿」になっていない阻害要因のことをいい、一方、課題（task）とは、問題を解決しようとするときに「壁」となるもの、問題、つまりあるべき姿を妨げている要因を解決するために実施することをいいます。

そもそも、問題はどうやって生まれるのかについて、著作家の山口周さんは、『クリティカル・ビジネス・パラダイム―社会運動とビジネスの交わるところ』で、問題がない状態では、現状＝As-Is に対置されるあるべき姿＝To-Be が曖昧か、あるいは存在しな

「問題と課題の違い」について

問題 【もんだい、英：problem】	● 目標と現状（理想と現実）の間にあるギャップ、横たわっている事象 ●「あるべき姿」になっていない阻害要因
課題 【かだい、英:task】	● 問題を解決しようとするときに「壁」となるもの ● 問題(あるべき姿を妨げている要因)を解決するために 実施すること。

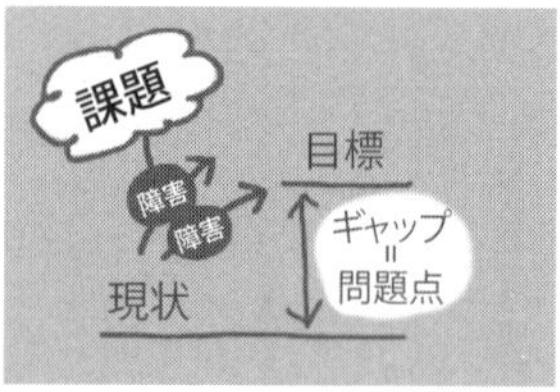

出所：九州大学地域政策デザインスクール

いため、ギャップを確定することができず、問題＝Agendaを生成できないとしています。このAgendaは上記における課題、あるいは課題解決のための計画というような意味合いで捉えていいかと思いますが、この指摘で重要なのは、現状と対置される「あるべき姿」が提示されないと、問題が生成されないということです。

　世の中では、よく「人口減少は問題だ」と言われます。これについて異論を唱える人も少ないでしょう。それでは、「なぜ皆さんは人口減少が問題だと認識している」のでしょうか。それは、皆さんのそれぞれの価値観の中で、「人口が今よりも多かった時代」や「人口が増え続けていた社会」が良かった、つまり「あるべき姿」であると無意識に、また当たり前のように認識しているからではないでしょうか。今の日本の根本的な問題は、人口減少そのものと言うより、人口が今よりも多かった時代や人口が増え続けていた社会よりも「より良い未来＝あるべき姿」をイメージできていないことです。これからは、「従来の価値観を変え、新しい価値観を創っていく」ことが求められているのです。

それに加えて、「はじめに」でも触れたように、世界が大きな変革期にあることも、あるべき姿を見出しにくい原因ではないかと思います。世界経済フォーラムのクラウス・シュワブ会長は、『グレート・ナラティブ「グレート・リセット」後の物語』で次のように指摘しています。世界は今「相互依存」と「システムの相互連結性」の中にあります。「システムの相互連結性」とは、様々な課題が同時に発生し、互いに影響しあう性質をいい、今の時代は、あらゆる変化が同時に起こっているだけでなく、その速度も非常に速いことが特徴です。

一方で、私たちは特定分野の枠内で「サイロ思考」に陥りがちです。そのため、あるカテゴリーについて、それが他のカテゴリーとどのように関係するかを意識しないことで、問題の解決に繋がらないことがあります。相互依存やシステムの相互連結性の中で、サイロ思考に陥らずに適切な問題設定に繋げるには、常にマクロの視点であるべき姿を構想し、俯瞰して見ていくことが求められるのではないでしょうか。

産学官民それぞれの枠を超える、行政区域の枠を超えることや、個別の地方自治体だけでなく地域全体を俯瞰してみる、従来のＧＤＰ（国内総生産）的価値観、つまり経済規模が大きくなることだけを目指していく価値観を変える、生き方、働き方、暮らし方のあり方を変えるなどなど、「より良い未来＝あるべき姿」を考えるためのヒントはたくさんあります。人口が減少してもどうすれば幸せに生きられるのか、どうすれば持続可能な地域をつくれるのかなど、地域としてどうありたいのかを自分たちで考えることが重要です。

近年、ウェルビーイング（個人や社会の良い状態）と言う言葉がよく言われていますが、その要素の１つとして「自分たちのこと、自分たちの地域のことを自分たちで決める、関わる」ことが大事なのではないでしょうか。

次章から、これから社会を変えていくための「仕組み」や「人材」、「構想」について、私が取り組んできたことを中心にご紹介していきたいと思います。

第１章

社会を変える「仕組み」をつくる

Creating Systems to Transform Society

「社会の変え方」のイノベーション

本章では、前著『超成長都市「福岡」の秘密 世界が注目するイノベーションの仕組み』の読者から頂いた「地域でそのような動きを支えるためには、どんな仕組みが必要でしょうか」という質問について取り上げたいと思います。

『未来を実装する―テクノロジーで社会を変革する4つの原則』の著者、馬田隆明さんが「今の日本に必要なのは、注目されがちな「テクノロジー」のイノベーションではなく、むしろ「社会の変え方」のイノベーションではないか」と述べています。これは、新たなテクノロジーを社会実装する難しさを踏まえての表現だと思いますが、これは何もテクノロジーに限った話ではありません。日本で新たな政策や事業を社会に実装しようとすると、様々な課題に直面します。成熟社会における課題設定の難しさ、理想の描きづらさ、政策や事業の実装による便益の少なさや反対者の存在、既存制度、ニーズの多様化と合意形成の難しさなどが挙げられます。地域で多様な担い手がこれらの課題を解決し、新しい政策や事業を社会実装するためには、地域における動きを支える取り組みや仕組みの構築が必要です。

福岡には社会実装の仕組みとして、私が事務局長を務める産学官民連携のプラットフォームである福岡地域戦略推進協議会（ＦＤＣ）があります。前著ではＦＤＣの具体的な仕組みについてはあまり触れていませんでしたので、本章でご紹介したいと思います。

ＦＤＣは２０１１年に設立され、福岡の新しい将来像を描き、地域の国際競争力を強化するために、地域の成長戦略の策定から推進までを一貫して行う、産学官民一体の「シンク＆ドゥタンク（Think & Do tank）」です。福岡都市圏を核として、九州、さらには隣接するアジア地域との連携を図り、事業性のあるプロジェクトを推進しています。ＦＤＣの設立趣意書には以下のように書かれています。

～国際競争力強化による福岡都市圏の持続的な成長に向けて～

アジアと日本を結ぶ玄関口に位置する福岡は、九州の交通および商業・ビジネス・文化の拠点として、これまで順調に発展して来た。そして、今日では、豊かな自然環境、充実した都市の利便性、美味しい食事、奥深い歴史・文化など、暮らしの質の高さで世界的に高い評価を得ている。

しかし、今後は国内市場の拡大が望めない状況において、福岡の活力を維持強化していくためには、国際競争力を飛躍的に高めて、地域経済をグローバル化し、とりわけ成長著しいアジアの内需を取り込んでいくことが必要である。

そのためには、世界各地から多様な人材を惹き付けることが起点となる。そして、国際的なビジネスを展開する人々が臨界を越えて集まり、地域の中核となって人材の誘致、既存産業の進化、新たな雇用創造といった内発的な成長に繋げていく戦略が必要である。そのような取組みには、公共的かつ機動的な体制づくりが欠かせない。すなわち、産学官民が一体となった公共的な場（プラットフォーム）において、地域のリーダーシップの下に世界的な英知を結集していくために、戦略の策定から実施までを一貫して行う社会的な実務専門家（プロフェッショナル）集団を置く体制づくりである。

福岡地域戦略推進協議会は、そのような体制として設置された。私達は、責任を持ってこの場に参画し、個々の利害を越えて全体最適の視点から、徹底した地域診断を踏まえて戦略オプションを抽出し、優先順位を付けた上で、相互に連携しつつスピード感を持って戦略を実行していく。そして、私達は、１つでも多くの関係者がこの場に参画し、福岡の発展のために協働していくことを希求する。

この取組みの成果は、福岡の持続的な成長に留まらない。地域に蓄積された戦略の企画推進力を他地域に水平展開することで、九州全体の一体的な発展、ひいては日本全体の成長に繋げていくことが可能である。そして、このような内発的成長への取組みは世界中で求められており、人材を起点とした新しい地域成長モデルを福岡から世界へと発信することで、人類全体の発展に貢献することを目指すものである。

具体的には、国際貿易都市としての福岡の歴史的必然性を踏まえつつ、戦略的な位置、高い暮らしの質、九州における中枢性、研究・教育機関の集積など現在の福岡の強みを活かし、成長著しいアジアとの交流を、多様性を重視しつつ段階的に活性化することで、「住みやすい地域」から「持続可能な地域」へ、そして「アジア・世界の人々にとっても住みやすい地域」へと質を重視した成長を図ることを目指したのです。

国際地域ベンチマーク協議会（IRBC）加盟都市

出所：福岡地域戦略推進協議会

設立の経緯は、２つあります。１つ目は、２０１０年に福岡において「国際地域ベンチマーク協議会（ＩＲＢＣ）」の年次総会を産学官の実行委員会により開催する機会を得たことです。ＩＲＢＣ（２００８年～２０１８年）は各地域の国際競争力を高めることを目的に、指標やまちづくり成功例の共有を行っている国際ネットワークで、２００７年にシアトル市を中核とする地域の広域行政協議会と広域商工会議所の貿易投資部門が、世界の「革新的な地域」の自治体に共同設立を呼びかけ、２００８年に発足した国際地域コンソーシアムです。都市圏人口１００万人から３００万人規模のシアトル、バンクーバ、バルセロナ、ミュンヘン、ヘルシンキ、ストックホルム、ダブリン、メルボルン、テジョン、福岡の10都市で構成されています。何れの都市も複数自治体による都市圏を形成しており、広域連携と官民連携によるまちづくりを進めていました。世界の都市をベンチマークする中で、福岡の今後の方向性を見出したいと考えたのです。

２つ目は、国土交通省が時を同じくして、「官民連携主体による地域づくり推進事業」を立ち上げ、「官」の「縦割り」、「横割り」の制約や「民」の政策決定過程への関与の弱さを克服すること、地域の「官」と「民」が連携し、自発的に地域の活性化を進めること、「官民連携主体」が地域戦略の策定段階から実施に至るまで一貫して関与することができるよう、国による支援制度の構築を行うことを目指し、法的支援制度の構築を行う上での国の対等なパートナーを選定する運びとなったことです。

福岡都市圏の地方自治体は、これまでにも「福岡都市圏広域行政推進協議会」を設立して、圏域の共通する様々な課題に対して、一部事務組合である「福岡都市圏広域行政事業組合」を設立するなど、行政機能の広域連携を進めてきていましたが、これまでの取り組みは行政的な課題への対応を広域連携で行うものであり、ＩＲＢＣと国土交通省の「官民連携主体による地域づくり推進事業」の想定は、これを産学官民の連携にまで踏み込むものでした。この２つの流れがきっかけとなり、２０１１年４月に「福岡都市圏広域行政推進協議会」の９市８町（現在は10市７町）を対象エリアとする、産学官民が一体となったＦＤＣが設立されたのです。

産学官民連携のプラットフォーム「ＦＤＣ」

ＦＤＣの会員数は２４４団体（正会員１５６、特別会員７、賛助会員81、２０２４年10月31日時点）にのぼります（２０１１年の設立時は36団体）。組織体制は、会長に九州経済連合会会長（現在は名誉会長）、副会長に福岡都市圏広域行政推進協議会会長（福岡市長）と九州大学総長、幹事に福岡県、福岡市、九州経済連合会、福岡商工会議所、九州大学と地元財界がそれぞれ就任しました。顧問には、福岡財務支局、九州厚生局、九州経済産業局、九州地方整備局、九州運輸局等の国の地方支分部局の長、福岡商工会議所会頭、福岡経済同友会代表幹事、福岡県経営者協会会長、福岡県知事、福岡市議会議長が就任、福岡市自治協議会等７区会長会の参画など、まさに産学官民が一体となったプラットフォームが形成されました。

福岡地域戦略推進協議会 (FDC) とは

■ 産学官民の事業創出プラットフォーム

・福岡地域戦略推進協議会 (Fukuoka D.C.) は、福岡の新しい将来像を描き、地域の国際競争力を強化するために、**地域の成長戦略の策定から推進までを一貫して行う、産学官民一体の Think&Do タンク**です。福岡都市圏を核として、九州、さらには隣接するアジア地域との連携を図り、事業性のあるプロジェクトを推進しています。

・設立：2011 年 4 月

・会員：244（2024.10.31 現在）
- 正会員　156
- 賛助会員　81
- 特別会員　7
- 組織

＞会　長：九州経済連合会 名誉会長
＞副会長：九州大学 総長
＞副会長：福岡都市圏広域行政推進協議会 会長

出所：福岡地域戦略推進協議会

ＦＤＣ設立に当たり、ＩＲＢＣなど様々な都市から学びを得る中で、世界のイノベーション都市が共通して持つ要素として、①メガシティに無い「コンパクトさ」が強み（都市圏人口が２００万人前後、規模の論理から距離の論理）、②優れた人材を惹きつける「生活の質の高さ」（クオリティ・オブ・ライフ、豊かなアートや自然環境）、③イノベーションのエコシステムを支える「先駆的な教育機関」との密接な関係等があるということがわかってきました。また、様々な政策課題の解決に当たり、産学官民が協力して取り組んでいく機関や仕組みを持っていることです。

例えば、バルセロナでは自らのまちの課題の解決策を世界中から公募し、導入までを支援する「バルセロナ・オープン・チャレンジ」の実施や、サンフランシスコでは「アントレプレナー・イン・レジデンス」による、スタートアップのソリューションを行政に取り入れ改革に繋げるなどの取り組みを行っています。コペンハーゲンでは市役所とデンマークデザインセンターが共同して交通問題、環境問題等の都市問題の解決に取り組んでいます。いずれの例も、市民やスタートアップの参加が重要な要素となっていました。この経験から福岡の国際競争力の強化には都市圏単位での産学官民連携が重要であるとの共通認識が醸成されました。

福岡都市圏の産業特性は、卸売・小売が業界再編、支店の見直しなどにより減少する一方、サービス、不動産、運輸・通信は増加するとともに、製造業は域外の需要を取り込んで増加しています。福岡都市圏の産業別の優位性と成長性については、国内優位性が高いのは卸売・小売、運輸・通信、サービスで、国内優位性が低いのは農林水産と製造業です。成長率が高いのは、製造業、政府部門、サービス、不動産などが確認されました。これらの事業の高度化や高付加価値化を図り、様々な分野のナレッジを活用することで、知識産業あるいは知識集約型産業の集積を目指すこととしました。その他、福岡都市圏のまちづくりの実績と、これからの方向性については、地域の成長に対応し、全域に投資してきた結果、都市の骨格はほぼ完成しており、今後は量の充足から質の向上へと、都市開発の方向性の転換が必要であり、成長の源泉の再構築には、良質な都市空間整備と産業基盤の強化が必要であるとしました。また、福岡都市圏の周囲で進んでいる広域経済圏の形成について、時間距離の短縮効果で「上海～南京」と「東京～大阪」は５０００万人規模の経済圏を形成すること等を認識し、将来的には、九州経済圏の規模を超える大きな視点が必要であることを確認しました。

　都市間競争の時代にどのようなまちをつくって行くべきかを考える中で、イノベーション都市としての福岡都市圏の強みと弱みを明らかにしました。強みの１つ目が「人材の多様性、市民力」です。起業家やスタートアップが豊富、クリエイティブ産業の集積、コミュニティ、地域活動が活発、学生・留学生などの若者の集積などです。２つ目が「活気あるアジアとの近接性」です。アジアの玄関口、世界最大の日帰り可能な経済圏です。３つ目が「生活の質の高さ」です。生活やビジネスコストが安価、豊かな自然環境や食文化などです。一方で弱みの１つ目が「グローバル」です。直行便就航都市数や外国生まれ居住者割合、最上位校留学生比率などです。２つ目が「イノベーション」です。人口１万人当たり特許申請件数や従業者一人当たりのＧＤＰ、年間新規開業率などです。これらの指標は国内の都市の中では福岡都市圏はトップクラスですが、世界のベンチマーク都市と比較すると列後になるのです。この状況を踏まえて、スタートアップによる新たな価値創出や既存産業の生産性向上を図ると共に、グローバル・ネットワークの活用により、インバウンドとアウトバウンド双方の強化を図ることとしました。その結果、「アジアの成長と共にビジネス拠点として成長」することを前提としました。

戦略の策定から推進までを一貫して行う「シンク＆ドゥタンク」

　ＦＤＣの特徴は６つあります。１つ目が福岡都市圏を核に九州全域を見据えた産学官民連携です。福岡市だけでなく「福岡都市圏」という視座のもと、産学官民が連携し行政だけでは解決できない課題解決や政策効果の最大化を目指した取り組みにより、新たな価値を生み出し福岡都市圏の競争力向上を目指します。２つ目がリエゾン機能です。リエゾンとは連携や橋渡しの役割を意味しますが、産学官民の間に位置し、お互いの考えやナレッジを interpreter（通訳）として繋ぎ、意思疎通を促すことで、行政計画との連動や新たなビジネス創出などの取り組みを推進します。３つ目が民間活力の投入と公共政策の連動による好循環の創出です。ＦＤＣ戦略の主な要素が福岡市のマスタープランに位置付けられるなど、公共政策との連動を図ることで、福岡市だけでなく福岡都市圏の成長戦略を推進します。４つ目が域外の知恵や資本を積極的に誘致・投入します。福岡都市圏外の企業、団体をはじめ、政府、海外政府、国際的な実務専門家などと協働することで、域外の知恵や資本を積極的に呼び込み取り組みを進めます。５つ目がＦＤＣ会員は戦略を実行する当事者かつ事業を推進する担い手であることです。会員はＦＤＣの参画に際して出資を行い、自らが具体的なプロジェクトの担い手となってＦＤＣ地域戦略の実現を目指します。６つ目が課題解決に向けたアジャイルな事業推進です。地域戦略の推進やイノベーションの創出に向けて、産学官民のナレッジを結集しアジャイルに取り組みを進めていく活動方針を掲げています。

　これらの特徴と福岡都市圏の地域診断を踏まえ、福岡都市圏における産学官民連携による成長戦略である「第１次ＦＤＣ地域戦略（２０１０―２０２０）」を策定しました。第１次ＦＤＣ地域戦略では、将来像を、①国際競争力の強化により、日中台韓のビジネス交流・開発・営業拠点として「東アジアのビジネスハブ」を目指す、②その将来像を、持続的な経済を含む６つの要素を包含した「福岡版スマートシティ」として定義し、これにより、少子高齢化社会における先駆的な地域成長モデルを確立し、福岡都市圏は国際競争力を備えたアジアで最も持続可能な地域を目指すとしました。目標の数値化（ＫＰＩ）に当たっては、２０２０年を達成年次に位置付け、２０１１年からの10年間で域内総生産（ＧＲＰ）を＋２・８兆円（年平均成長率＋2.5％）、雇用を＋６万人（年平均成長率＋0.5％）、人口を＋７万人（年平均成長率＋0.3％）と設定しました。

　将来像とＫＰＩを踏まえ、「交流の活性化により質を重視した成長を図る」ことを柱とし、①域外に向けて挑戦する環境をつくる、②人材の多様性を強化する、③革新的・創造的な交流の場をつくることとしました。戦略を、段階的に取り組みを拡充する形で推進していくように工程の組み立てを行い、短期的にはＭＩＣＥ（マイス※）などの推進による「交流人口の増加」、中期的には社会実験等を端緒とした「ビジネスの開発」、長期的には「移出産業の成長」を図り、雇用創出を達成することで、将来像と数値目標の実現を図ることとしました。地域戦略を以上の工程で組み立てていくに当たっては、地域診断の結果を踏まえて当面の重点産業分野とビジネス基盤をそれぞれ８つずつ定めました。この中から、ＦＤＣ会員が自発的に５つを絞り込み、プロジェクトとして取り組むことを決め、

２０１２年度に観光部会、食部会、都市再生部会、環境部会（２０１４年度よりスマートシティ部会に名称変更）、人材部会の５つの部会を立ち上げる運びとなりました。地域戦略の推進には、観光部会が取り組むＭＩＣＥを軸に、５つの部会が連携をしながら進めていきました。

※ＭＩＣＥ：国際会議、展示会、スポーツイベントなどの誘致のこと

２０２０年には次の10年を見据えた「第２次ＦＤＣ地域戦略（２０２０―２０３０）」を策定することになります。第２次ＦＤＣ地域戦略では、新型コロナウイルス感染症や世界的なトレンドの変化等を見据え、将来像を「東アジアのビジネスハブ～福岡都市圏は国際競争力を備えたアジアで最も持続可能な地域を目指す」とし、戦略指針を「交流の質を上げ、都市の成長と生活の質の向上の好循環を確固たるものに～「住みやすい」から「持続可能（ＳＤＧｓ）」な成長へ」と位置付けました。ＫＰＩは２０３０年を達成年次とし、経済基盤の整備として域内総生産（ＧＲＰ）の年平均成長率２・06％を維持すること、個の力の最大化として１人当たりのＧＲＰ（万円／人）を30％程度改善すること、成長を支える社会の構築として労働参加率56％の向上を設定しました。

第２次ＦＤＣ地域戦略では、３つの戦略と12の重点分野を設定しました。①「域外への

挑戦を生み続ける」では、大企業・中小企業・スタートアップ交流の活性化、都市ネットワークの活用、世界で活躍するスタートアップの創出、グローバルで活躍できる人材の育成、②「多様な人材が活躍する場をつくる」では、都市圏の成長を牽引する都心・魅力的なウォーターフロントの創造、歴史、自然、文化を生かしたコントラストのあるまちづくり、生活と都市活力を支える最適なインフラの構築、世界的な観光都市（ＭＩＣＥ、食など）の推進、③「革新的・創造的な活動を支援する」では、最先端テクノロジーの社会実装（IoT、AI、Fintech など）、コンテンツを文化に（ゲーム、スポーツ、デザインなど）、効果的なヘルスケアをすべての人に（高齢者、遠隔医療など）、スマートシティの実現による都市ソリューションの構築を設定しました。第2次ＦＤＣ地域戦略の工程としては、短期的には教育環境の整備や多様なビジネスプレイヤーの活躍などによる「ダイバーシティの実現」、中期的には天神ビッグバン、博多コネクティド、福岡スマートイーストなどの都市開発と連動した「ビジネスエコシステムの確立」、長期的には新たな付加価値を生むビジネスモデルの構築などによる「都市ソリューションの移出成長」を位置付け、戦略の実現を図ります。

２０１２年度に設置した５つの部会については設置後10年が経過した２０２２年度に、

事業創出プラットフォームとしてのFDCの仕組み

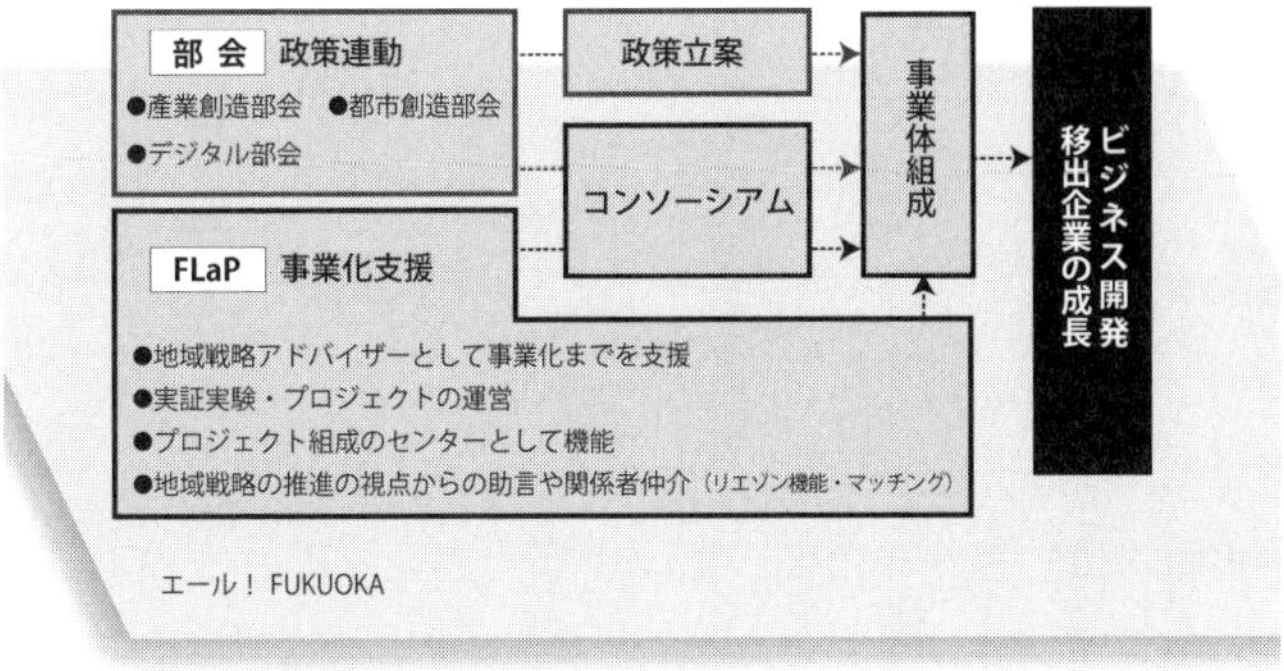

出所：福岡地域戦略推進協議会

第５期中期計画の目標である「ビジネスエコシステムの確立」の実現を見据えた再編を行い、新たに３部会体制としました。アフターコロナを見据えた観光・食の一体的な展開を進めるために、観光部会と食部会を統合して「産業創造部会」を設置し、まちづくりのソフトを担うとともに、都市の再生から都市の創造へのフェーズの移行に対応するために「都市創造部会」を設置し、まちづくりのハードを担います。また、スマートシティ部会を「デジタル部会」とし、全体共通基盤としての役割を担う分野横断連携やデータ連携により、地域のデジタルトランスフォーメーション（ＤＸ）を推進します。

　これに加え、ＦＤＣ会員からの事業創出やコンソーシアムなどの組成に関する支援を強化するために、部会とは別に「FDC Launch Program（通称 FLaP：フラップ）」を設置し、機能強化を図ってきました。FLaP は地域戦略推進の視点から、事業化へのコンサルティングや実証実験・社会実験の実施支援、プロジェクトの運営、コンソーシアム等の組成支援、ビジネスマッチングやリエゾン機能などを提供しています。また、新型コロナウイルス感染症の発生を契機に、ＦＤＣ会員が連携して地域経済の下支えやオープンイノベーションの実施、様々な活躍の場の提供や創出などに取り組む「エール！ＦＵＫＵＯＫＡ」を設立しました。これらの事業推進体制により、戦略の推進を担います。

情勢の変化を踏まえたアジャイルな政策形成

ＦＤＣにおける事業推進の仕組みとして、部会、FLaP、エール！ＦＵＫＵＯＫＡをご紹介しました。この中の部会は、「産学官民が連携して福岡都市圏で進めていくべき方向性や公共政策を伴う施策を立案し実行していく場」として位置付けています。地域の成長に資する事業の組成を見据えた検討を行うため、必要に応じて分科会を設置し、事業化に繋げる視点で運営を行います。また、これらの検討を通じて、事業の担い手になることを念頭に、プロジェクトの事業性検討（フィージビリティ・スタディ）を実施するコンソーシアムなどの組成も行います。

いくつか具体的な例を示したいと思います。観光部会では、２０１２年にＭＩＣＥの誘致体制の強化を図るため、福岡都市圏の成長に向けた「ＭＩＣＥ戦略」（ＭＩＣＥ戦略の概要とＭＩＣＥ推進体制のあり方並びにＭＩＣＥ施設整備についての考え方）を策定しました。ＭＩＣＥ戦略を踏まえて福岡市は「福岡集客・観光戦略２０１３」を策定。その１つの成果として、２０１３年６月に観光庁の「グローバルＭＩＣＥ戦略都市」に福岡市が東京都、横浜市、京都市、神戸市とともに全国５都市の１つとして選定されるとともに、２０１４年４月にＭＩＣＥ版ＤＭＯ（Destination Management Organization）である「Meeting Place Fukuoka」が立ち上がりました。２０１４年度からはMeeting Place Fukuoka の支援に加え、戦略的誘致対象催事の誘致体制、ビジネスコーディネート機能の構築、福岡都市圏一体のＭＩＣＥ受入体制の構築、アフターコンベンションモデルの作成を行うプロジェクトを推進しています。

ＭＩＣＥを通じた産業の振興についても、新産業（モビリティ、エネルギー等）、クリエイティブ（デジタルコンテンツ、ゲーム、ファッション、エンターテイメント等）、医療・医学（最先端研究、実用化、ヘルスツーリズム等）、スポーツ、食（グルメ、食文化、食品・素材、製造機械、食物流）などＭＩＣＥ重点領域を定め、集客・交流産業としてＭＩＣＥ参加者の積極的な消費に加え、幅広い分野における雇用創出を含む高い経済波及効果、ビジネス機会やイノベーションの創出、都市のブランド向上を目指しています。ＭＩＣＥ戦略を踏まえてＭＩＣＥ施設の建設も行われました。２０２１年にＭＩＣＥ主催者の多様なニーズに対応するべく、５０００㎡の広さを持つマリンメッセＢ館が新たにオープンし、既存のＡ館と合わせて柔軟かつ効率的なＭＩＣＥ開催が可能となっています。

　食部会では、福岡都市圏における食産業振興や集客交流拡大を図るため、九州の食のブランド化や、企業・関係者のネットワークづくりなどを目指す食のＭＩＣＥである「Food Expo Kyushu（国内外食品商談会）」の設立を提案しました。その後、福岡県、福岡市、福岡商工会議所、福岡県商工会連合会、ジェトロ福岡、ＦＤＣによるFood EXPO Kyushu実行委員会が立ち上がり、２０１４年から現在まで10回開催、地域全体の経済成長の実現に取り組んでいます。コロナ後は、国内外消費者の生活様式の変化を踏まえた変革や機能強化を推進し、九州の食産業振興プラットフォームとして発展、地場食品関連産業の売上向上と販路拡大及び地域経済の振興を図っていくこととしています。

　都市再生部会では、福岡都心部が福岡都市圏の域内総生産（ＧＲＰ）の7割、従業員数が3割を占め、経済的・社会的基盤、機能が集約され、福岡都市圏の成長の源泉であることに鑑み、２０１２年に「福岡都心再生戦略」を策定し、天神・渡辺通、博多周辺、ウォーターフロントの3エリアの開発を推進するプロジェクトを進めてきました。同年、福岡都心地域約４５５haの都市再生緊急整備地域への指定を皮切りに、「天神・渡辺通地区」、「博多駅周辺地区」、「ウォーターフロント地区」約２３１haの特定都市再生緊急整備地域の指定により、都心の国際競争力の強化を図る上で特に有効な地域として定められたことを踏まえ、戦略では、21世紀型のビジネス中枢とすること、ウォータフロントエリアの再生を行うこと、人と投資を惹きつける象徴的な都心を形成することを主要な目的とし、戦略的に投資を呼び込むエリアの設定と、各エリアでの開発のイメージ、戦略の工程表を落とし込みました。

　その後、２０１３年に福岡市とＦＤＣは、政府が新たに開始した「国家戦略特区」に共同提案を行いました。国家戦略特区とは、日本の経済活性化のために、地域限定で規制や

需要創造に向けた福岡都心の将来像を描いた

■新たな価値を生み、人材を根付かせ、市場を広げる都心を構想

- ●イノベーション・アンカー
- ●投資と人材を呼込むアメニティと個性
- ●３エリアの個性化と連携

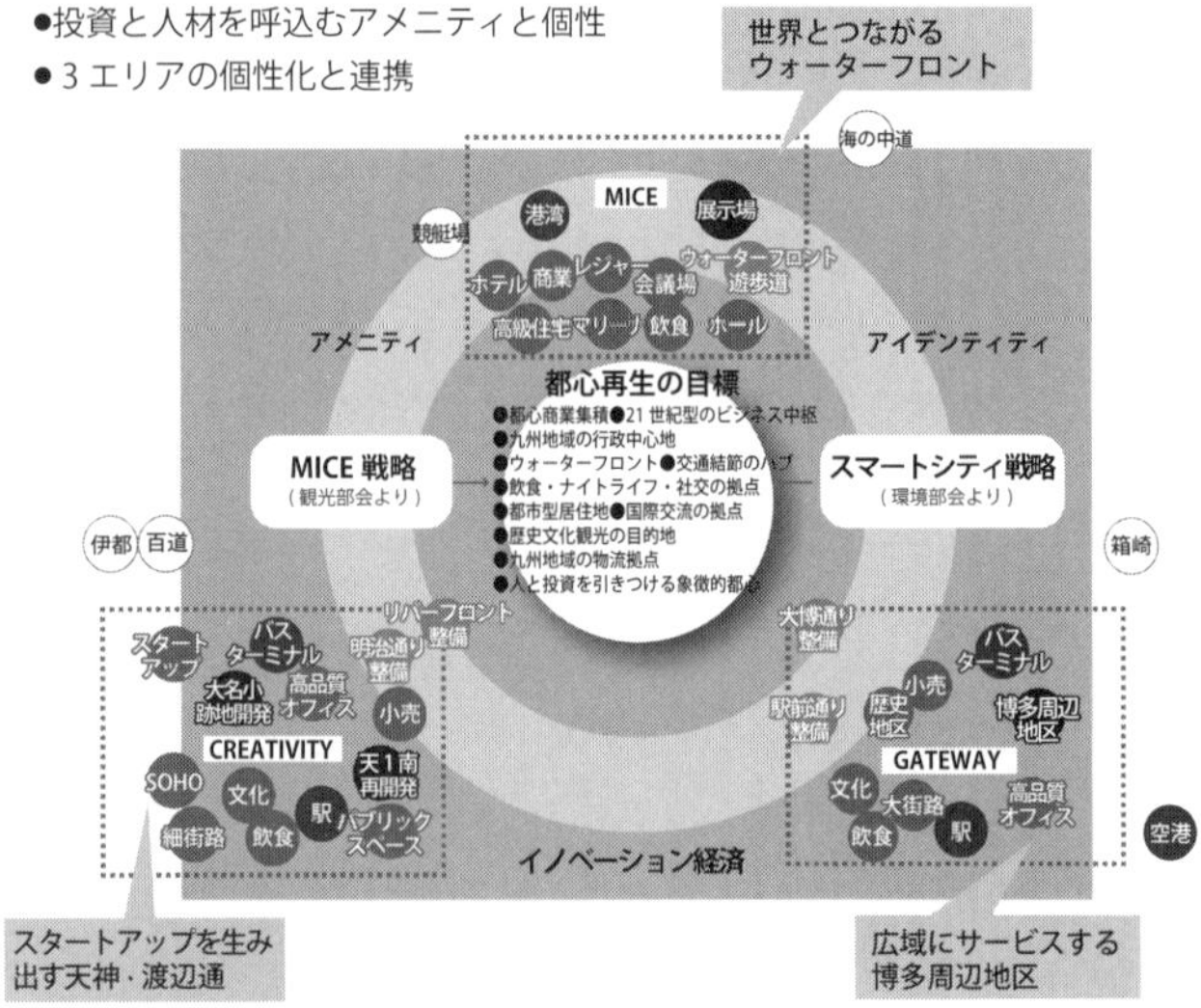

出所：福岡地域戦略推進協議会

制度を改革し、その効果を検証するために指定される特別な区域を指し、福岡市を含む６地域が指定され、福岡市では「グローバル創業・雇用創出特区」として、創業の支援と雇用の創出に取り組むことになりました。２０１４年の国家戦略特区の指定を受け、福岡市とＦＤＣは「航空法の高さ規制に係る特例」を政府に提案し、福岡都心地域における高さ規制が段階的に緩和されることになりました。というのも、福岡市は空港が都心に近く、都市の競争力になってきた一方で、航空法の高さ制限により福岡都心のビルの機能更新が遅れていました。この規制緩和を活用し、２０１５年より天神エリアでは、福岡市による都市再生プロジェクト「天神ビッグバン」がスタートしました。福岡市独自の容積率緩和などの施策を組み合わせることで、耐震性が高く、先進的なビルへの建替を誘導するとともに、建物低層部のゆとりある広場や歩行者空間などの創出を図ることにしたのです。２０１９年には博多エリアにおける都市再生プロジェクト「博多コネクティド」も開始されました。「都市公園の占用許可に係る都市公園法の特例」により都市公園内における保育所等の設置が認められ、２０１７年に博多区の「中比恵公園」内に全国初の認可保育所が開設されるなど、国家戦略特区を活用した都市再生施策が推進されています。ウォーターフロントエリアについては、福岡都心再生戦略を踏まえ、福岡市が臨港地区条例を改正し、構築物の用途制限の緩和などの規制緩和を行い、クルーズ船や国際定期旅客船が寄港する国際交流拠点であり、ＭＩＣＥ施設が集積する都心の海辺空間を活かした、賑わいや憩い空間の創出などを行う「ウォーターフロントネクスト」が推進されています。

その後、２０２０年に発生した新型コロナウイルス感染症の影響により、公衆衛生対策のあり方、生活様式の変化、それに伴う需要の変化など、今後の都市開発のあり方について不透明感が漂っていました。そこで、２０２０年6月30日、このような変化を都市開発でどのように受け止めていくかを考える市民向けのオンラインのイベントをＦＤＣ主催で開催しました。イベントには福岡市の高島宗一郎市長をはじめ、都市開発に関わる企業の経営層や有識者などが多数参加し、これからの都市開発の方向性について議論を行いました。その際、パネラーを務めた私の「このような社会経済状況を踏まえると、政策変更も視野に入れるべきではないか」との問いに対し、高島市長は「政策については変更も含め状況に応じて柔軟に対応していく」と述べました。この僅か2ヶ月後の8月27日に、高島市長は「世界に先駆けた感染症対応シティへ！ 生まれ変わる都心 ピンチをチャンスに〜」という新しい施策を発表しました。ビルの「換気」、「非接触」、「身体的距離の確保」、「通信環境の充実」などの取り組みを新たに誘導することとし、福岡市独自の容積率緩和制度が拡充されることになりました。

また、福岡都心再生戦略にも位置付けられている拠点を繋ぐ水辺空間（リバーフロント）の活性化として、２０１４年に福岡市が運営する「水上公園」の利活用のビジョンと整備案を都市再生部会で提言しました。公園とその周辺に賑わいをつくり、都心全体の回遊性を高めることを目的として、公園機能を担保しながらも商業等の拠点機能を位置付け、民間事業による収益を確保することで「PPP（Public Private Partnership）」事業として位置付けたのです。これは、２０１７年に都市公園法の改正により新設された「Park PFI（Park-Private Finance Initiative）」を先取りする画期的な取り組みとして注目を集めました。

このように様々な取り組みが行われてきた結果、これまでの10年で福岡市は「都市の成長」、「生活の質」ともに大きく進展させせました。10年前の福岡市はベンチマーク都市と比較して生活の質は国際的にも遜色ありませんでしたが、経済分野、成長を加速させることが課題でした。現在は都市の成長としては今後の成長の基盤ができつつあり、生活の質に関しても子育て支援、医療福祉、交通など様々な施策が講じられており、都市の成長の果実（税収増）を生活の質の向上につなげることができつつあります。

一方で、今後の10年を見据えたときには、変化も必要だと思います。２０２３年11月、福岡市次期基本計画（マスタープラン）の策定に向けて、ＦＤＣは民間意見の取りまとめを行い、提言を行いました。これからの10年の福岡を考える上で、３つの視点を示しまし

ベンチマーク都市における都市の成長と生活の質の総合評価

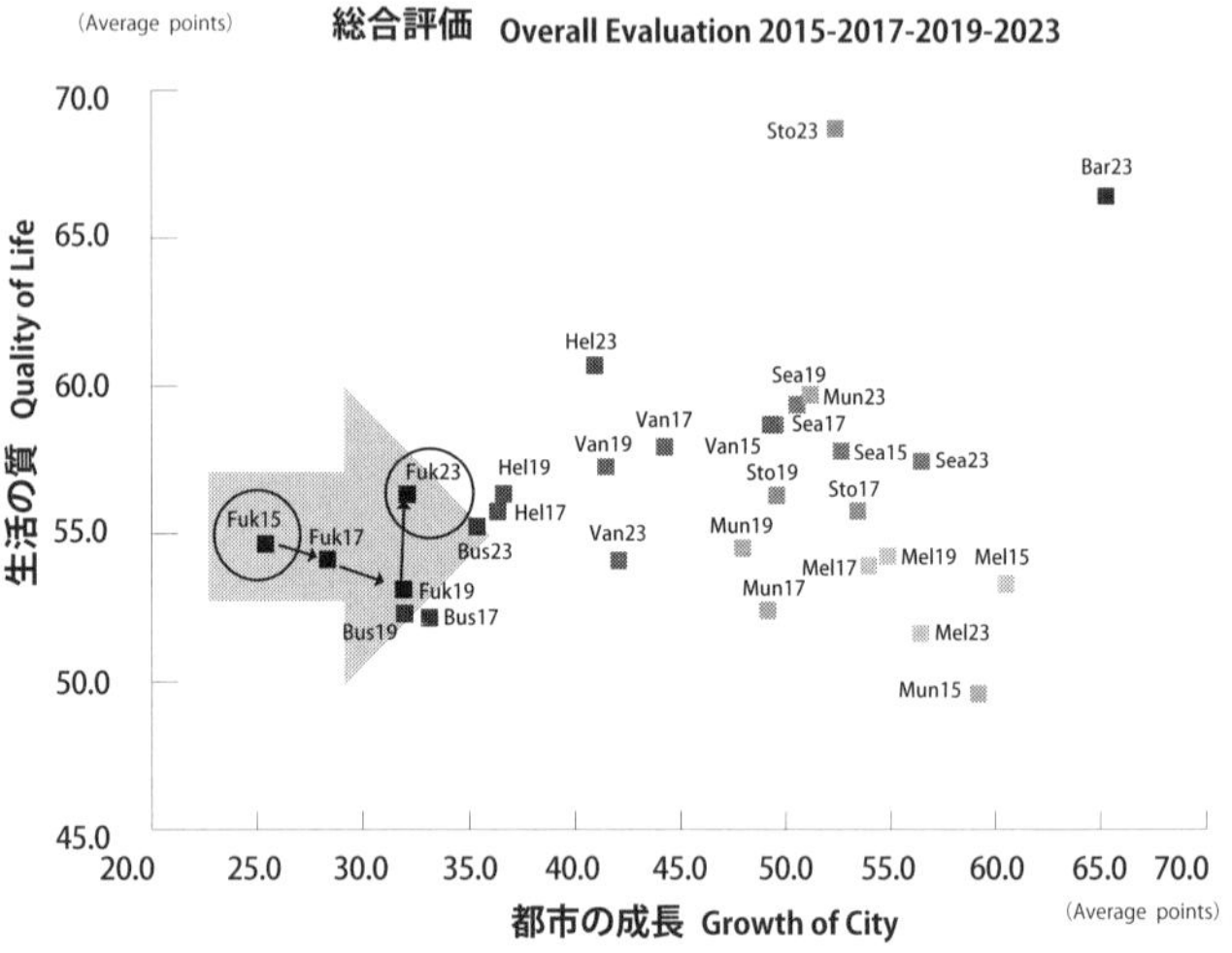

出所：（公財）福岡アジア都市研究所（URC）『「第３極」の都市 2023』

た。

　1つ目は「福岡は新たなフェーズに移らなければならない」です。福岡は、古代からアジアの交流拠点都市としての歴史を重ねてきており、特にこの10年はＭＩＣＥ／観光都市として交流を成長につなげてきました。今後、天神ビッグバン、博多コネクティッドを通じた都心の高付加価値化の推進により、グローバル人材や高度人材の獲得が求められます。従来いなかった層が加わり、交流が多様化するなど、「従来の福岡の良さ」と「グローバル人材・高度人材の獲得」の〝共存・融合〟が必要となります。

2つ目は「持続可能性を確保しなければならない」です。シアトルをはじめ、世界の成長著しい都市では、ジェントリフィケーション※などによる新たな都市課題が生じています。福岡では海外と比べて相対的に大きな課題状況にはなっていませんが、今後成長を進展させていく上で生じうる課題です。グローバルでも解決されていない課題に、福岡はいち早く取り組み先手を打ち、包括的で公平なサービスを見据えながら、企業誘致や生活の質の高度化を図っていく必要があります。また今後、少子高齢化により九州の人口減少が加速する中で、相対的に福岡の影響力が高まっていきます。暮らし・経済をどう維持するか。九州広域の持続可能性とセットで考えなければなりません。

※都市において、比較的低所得者層の居住地域が再開発や文化的活動などによって活性化し、その結果、地価が高騰すること。肯定的に評価されることがある一方、廉価な住宅の消滅や街並みの均質化などを引き起こし、住人の転出が余儀なくされる。地域の文化・コミュニティ・アイデンティティの希薄化や喪失が起こるといった問題も指摘されている。

3つ目は「国際競争力を持つため、グローバルな価値観の変化に対応する必要」です。

都市の評価指標は、経済や人口など規模の大きさを測る指標から、環境・社会などの社会指標により重きを置くようになり、指標自体の多様化も進んできました。コロナ禍も経て、ダイバーシティ、インクルーシブ、レジリエント、カーボンニュートラル、ウェルビーイングなど、世界は都市として備えるべき価値観を大きく変化させており、福岡はグローバルスタンダードに機敏に対応していく必要があります。ロンドンで２０２１年に策定された、20～25年先を見据えた総合戦略である「The London Plan」では、急激な成長がもたらしたジェントリフィケーション等の課題を踏まえ、単なる成長ではなく、〝すべての人にとって持続可能な成長＝「Good Growth」〟を目標に全体設計されていますし、ニューヨークの２０５０年を目標とした総合戦略「One NYC」では、多様性の受け入れや気候変動経済の創出などを目標とイニシアチブに設定しています。

　以上を踏まえ、次期マスタープランにおける都市経営の基本戦略を「あらゆる「生活の質の向上」と「都市の成長」を統合的に考え、持続可能にする」、「福岡都市圏・九州広域の中核都市として、相互裨益する成長を生み出す」としました。目指す姿を、１つ目に「イノベーションが継続的に生まれるまちへ」とし、多様な人材が集積し、多様なビジネス展開に適した魅力的なまちが作られ、グローバル経済の拠点となって、イノベーション

提言　都市経営の基本戦略/目指す姿/施策の方向性 のイメージ

生活の質の向上と都市の成長の好循環は、新たなフェーズへ。
あらゆる「生活の質の向上」と「都市の成長」を統合的に考え、持続可能にする

Fukuoka New Standard 01
イノベーションが
継続的に生まれるまちへ
施策例）・グローバル人材・高度人材の育成
　　　　・スタートアップの成長支援

Fukuoka New Standard 03
施策例）・データ連携基盤の官民活用
　　　　・グリーンビジネス創出推進

Fukuoka New Standard 02
施策例）・高度人材（外国人）の快適な
　　　　生活環境の提供：教育・住居・医療

Fukuoka New Standard 04
施策例）・観光MICE都市としての強化
　　　　・世界への発信（シティプロモーション）

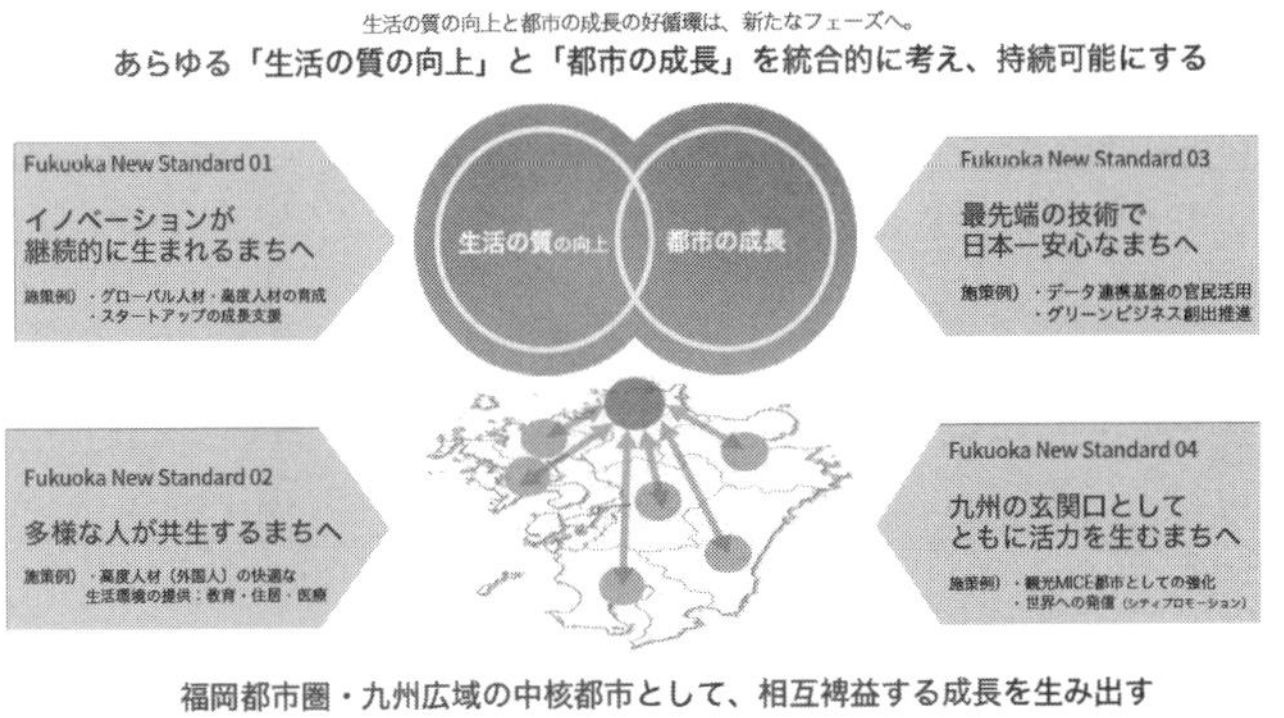

出所：福岡地域戦略推進協議会

が継続的に生み出されている、２つ目に「多様な人が共生するまちへ」とし、変化する多様なニーズに寄り添い、誰もが健康で文化的な生活を営める、公平で寛容で自由な社会が形成されている、３つ目に「最先端の技術で日本一安心なまちへ」とし、最先端の物理的インフラとデジタルインフラが整備され、安心・安全で持続可能な生活環境が確保できている、４つ目に「九州の玄関口としてともに活力を生むまちへ」とし、くらし・産業のイノベーションと都市圏・九州との相互連携により、持続的に成長するアジアのリーダー都市になっている、としました。

　このように、地域のリーダー同士が不確実な未来に対して議論を重ねる場を持つことが

でき、アジャイルに政策を形成できることは、産学官民連携の成果のひとつといえるのではないでしょうか。

新たなニーズを捉えた事業のイノベーション

福岡市は、２０１２年に新たな価値や雇用を生み出すスタートアップの創出を目指す「スタートアップ都市ふくおか宣言」を行いました。これと連動して、先述の福岡都心再生戦略では、新たな価値を生み、人材を根付かせ、市場を広げる都心を構想し、多様な人材が交流し、意見交換し、議論をすることで革新的・創造的なアイデア、ビジネスや価値を生み出す機能を持つ場とするため、①イノベーション・アンカー、②投資と人材を呼び込むアメニティと個性、③３エリアの個性化と連携を進めていくことを明記しました。

その後、２０１４年にはグローバル創業・雇用創出特区への指定、スタートアップカフェの開設などを行い、福岡市によるスタートアップ支援が本格化します。同年ＦＤＣでは、世の中にある課題や社会的ニーズに対して、これまで公共部門が公共サービスとして担ってきた領域を、事業的手法によって解決するとともに、当該領域に新たなイノベーションを誘発させることを目的に「ソーシャル・インパクト・ボンド（ＳＩＢ）プロジェクト」を立ち上げ、ＦＤＣ会員やスタートアップ、財団、ＮＰＯ法人等と連携した事業支援も開始しました。

２０１６年にはＦＤＣと福岡市による産学官民連携による事業化支援の一環として、今後の飛躍的な成長が期待されるスタートアップ等の事業を全国から募集し、事業拡大に必要な実証実験の実施などを全面的に支援することで社会実装を推進する「福岡市実証実験フルサポート事業」を開始しました。２０１７年には、現在のＦＤＣにおける事業推進の仕組みの1つであるFLaPを設置し、「産学官民が連携して福岡都市圏の地域戦略に資する新規事業の創出を加速させるための場」として位置付けています。事業化支援内容としては、①ビジネスマッチング（ビジネスパートナー、業務提携、販路開拓等）、②実証実験（プロトタイプの開発、実証実験フィールドの提供、地元調整等）、③資金調達支援（金融機関、ベンチャーキャピタル、アクセラレートファンド等）、④アドバイザリー（ビジネスディベロップメント、プロモーション等）を用意し、オープンイノベーションの実施や新規事業開発、企業の海外展開、海外企業の誘致などを行っています。

同年には、福岡市が旧大名小学校をリニューアルしたスタートアップ支援施設

「FUKUOKA GROWTH NEXT（FGN）」が開設されました。これまでにＦＧＮに入居した企業の資金調達は延べ96社４１２億円にのぼり、ＩＰＯ（新規上場）の事例も誕生しています。その結果、多数のコワーキングスペース、インキュベーション施設、スタートアップ等が天神エリアを中心に集積することで、これまで福岡で脈々と受け継がれてきたベンチャーコミュニティや、新たなスタートアップ、エンジニアのコミュニティが集積し、良質なコミュニティを形成しつつあります。

事業の社会実装においても、国家戦略特区が大きな役割を果たしています。ＦＤＣが連携して行った取り組みの中からいくつか事例をご紹介します。1つ目は「国家公務員退職手当法」の特例を活用した事業です。スタートアップの成長初期における1番の課題である「質の高い人材の確保」に対し、国家公務員が有する高度な知見や経験をスタートアップの成長に活用するとともに、国家公務員がスタートアップで挑戦しやすい環境の整備による官民間の人材流動化を目的として、２０１６年にＦＤＣと福岡市が国家公務員の退職手当の特例を提案し、計画が認定されました。これは、国家公務員が設立5年以内の企業に転職して、３年以内に再採用された場合、公務員としての勤続年数を通算し、退職手当を講ずるというものです。この措置を受けて、福岡市は条例により市職員が特例を適用できるようにしました。２０１９年、福岡市に本社を置く社会課題解決のデザインマネジメントを行うスタートアップ㈱ＹＯＵＩが、この国家公務員の退職手当の特例を活用することの認定を受け、全国で初めて公務員の採用を行うこととなりました。

２つ目は「オンラインの服薬指導」です。２０１８年3月に厚生労働省から発出された「オンライン診療の適切な実施に関する指針」により、対面によらないオンライン診療が広く認められることとなりました。一方で、薬機法（旧薬事法）における『薬剤師による服薬指導の対面原則』という、薬は薬剤師が対面で服薬指導を行わなければならないという規制が引き続き存在していました。そのため、在宅での診療が可能であるにもかかわらず、薬は薬局まで取りにいくか薬剤師に届けてもらわなければならないという状況が生じていました。そこで、２０１８年6月、全国で初めて福岡市が、薬剤師によるオンライン服薬指導の特例（一定の条件を満たしていればスマートフォンやテレビ電話等を活用した遠隔での服薬指導を行うことが可能となる特例）の認定を受け、同年7月に全国で初めて保険医療制度にて実施しました。

３つ目は「クリーニング業に係る規制緩和」です。クリーニング業法において、下着やタオルは伝染病の感染源となるおそれのあるものとして、消毒を要する洗濯物（指定洗濯物）とされており、この指定洗濯物については、厚生労働省通知でロッカーでの取り扱いが認められていませんでした。ロッカーでの取り扱いを認めることで、新たなサービスの創出が期待できることから、国家戦略特区を活用した規制緩和を提案しました。国はロッカーの消毒や問い合わせ先の明示など、事業者が伝染病対策及び消費者保護を適切に講じることを自治体が確認することなどを条件に、指定洗濯物のロッカーでの取り扱いを認めることとなりました。これにより２０２１年4月に全国初となるロッカーを利用したタオルや下着等を含むクリーニング衣類の受渡しサービスが福岡市でスタートしました。

　ＦＤＣが社会実装という視点でもうひとつ大事にしているのが「社会受容性」の確保です。ＦＤＣでは所謂「実証実験」と「社会実験」を区別して扱っています。実証実験は製品やサービスを作り上げていくために事業に係るテクニカルな検証などを行いますが、社会実験はプロトタイプ（試作品）や既にある製品やサービスをユーザーに試してもらい、ニーズの顕在化や使い勝手の検証など、社会受容性を確認していくプロセスを大切にしています。社会受容性の確保の観点から、２０１７年から「リビングラボ（Living Lab）」の手法を活用し、多くの取り組みを進めてきました。

実証実験・社会実験を通じたイノベーションの創出

■現在の社会制度が対応できなくなった新しい社会的ニーズに対応するサービス・モデルを創出する社会実験のプロセス

- 民間組織や非営利組織等の力でモデルを形成し、サービス化を行う
- 最終的には事業化されるか、あるいは社会制度として取り入れられることを想定する

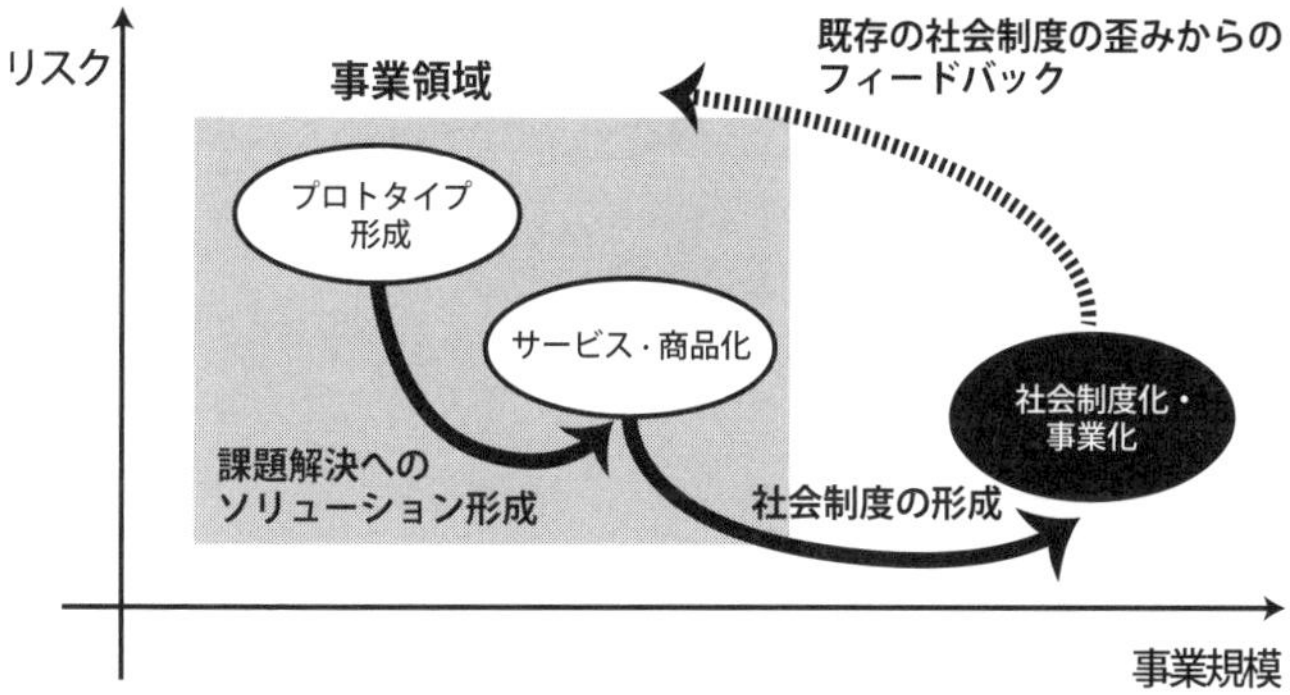

出所：福岡地域戦略推進協議会

リビングラボは、市民参加型の共創活動であり、ユーザー（市民）、企業、自治体、大学など多様なステークホルダーが参加し、実生活に基づく気づきをもとにアイデアを創出し、さらにそれを実生活の場で検証するオープンイノベーションの手法です。ユーザー（市民）が製品やサービスを共創するパートナーとしての役割と、それに対するモニターとしての役割を果たすことによって、より満足度の高い製

リビングラボのプロセス

■現市民の気づきを起点とする、実生活に根ざした共創活動

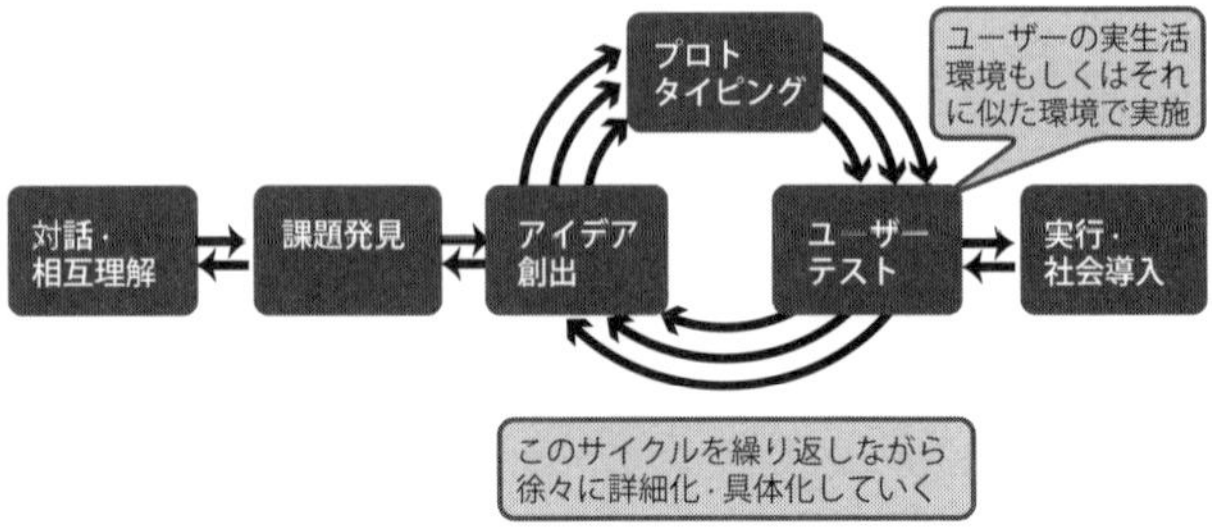

出所 : 赤坂文弥 , 木村篤信 : 社会課題解決に向けたリビングラボの効果と課題、学会誌サービソロジー ,5 巻 3 号 ,pp.4-11,2018.

品やサービスを生み出すことが期待されるというものです。ステークホルダーが対話を重ね相互に理解を深めていく中で、課題を見出し解決に向け創出したアイデアに基づきプロトタイピング（試作）。それを生活の場でユーザー（市民）が利用したり実施したりします。このサイクルを繰り返すことで、製品やサービスを徐々に詳細化、具体化していく、というプロセスとなります。

　リビングラボは製品やサービス開発だけでなく、政策の推進といった領域においても有効な手法といえます。例えば現在全国で取り組まれているスマートシティにおいてデータの利活用における市民との合意形成が重要な課題だと言われていますが、このリビングラ

ボの活用によって市民目線で具体的な課題を見つけ解決方策を生み出し、納得感を持ってもらいながら政策を進めることが可能になります。またシビックプライド（市民の都市に対する愛着や当事者意識）の醸成にもつながることから、持続可能な地域づくりにも結び付くとＦＤＣは考えています。

地域経済主体の対応力強化のための基盤形成

２０２０年、新型コロナウイルス感染症の発生により社会経済情勢が一変する中、ＦＤＣ会員の中には「何か地域のお役に立てることができないだろうか」と考えている方が多くいらっしゃることがわかりました。そこで、事業者や医療従事者、企業や住民の皆様を支援する取り組みを始めるべきと考え、ＦＤＣ会員２０６団体（当時）の参画のもと、「YELL FUKUOKA／エール・フクオカ行動宣言（エール！FUKUOKA）」を打ち出しました。アフターコロナに向けて新たな価値を創造するとともに、未来に向けて前進する人たちを応援するプロジェクトと位置付け、会員各社のアイデアや資源を持ち寄り活用することで、ウィズコロナを克服していくことを目指します。現実的な支援活動はもとより、コロナ禍におけるソリューションの創出や新しいビジネスの実装に向けた事業支援も行いました。

具体的な支援の内容として、①「医療従事者など新型コロナウイルス感染症への対応をしている方々への支援」、②「活躍の場の提供」、③「地域経済への支援」、④「オープンイノベーションの実施」の4つを掲げました。①の医療従事者など新型コロナウイルス感染症への対応をしている方々への支援のひとつとして、住友商事九州と住友三井オートサービスは、新型コロナウイルス感染症対策として個別送迎を余儀なくされている介護事業者4施設（特に小規模多機能施設）へリース満了車両6台を一定期間、無償貸与する支援を行いました。貸与された車両は、主に施設と自宅間の個別送迎として利用され、各施設におけるクラスターリスクの軽減に貢献しています。

②の活躍の場の提供については、福岡県内においてコロナ禍の影響により、企業の倒産や営業自粛・営業不振といった事態に陥ったり、またそれに伴う、失業・失職、内定取り消しなどといった負の連鎖が発生したことを受け、人材採用に関する情報提供を行う「エール！　ＦＵＫＵＯＫＡ　人材採用」を開始しました。グッデイ、新生堂薬局、スリーアールグループ、竹中工務店、パーソルテンプスタッフ、福岡市、福岡商工会議所、ベル

テクス・パートナーズ（※50音順）の産・官サイドからの「求人情報」に加え、学・民サイドからの「求職情報」の提供を行いました。

③の地域経済への支援については、テイクアウトやデリバリーを使える仕組み「エール！ＦＵＫＵＯＫＡテイクアウト」を構築しました。第１弾では、ホームセンター「グッデイ」とドラッグストア「新生堂薬局」の駐車場や店舗軒先の一部にて、テイクアウト販売が実施できるよう地域の飲食店様に無償でスペースを提供し、お弁当の販売などを行いました。第2弾では、福岡銀行、新生堂薬局、パナソニックの所有する空きスペースにて、住友商事九州および Mellow がフードトラックの出店を支援しました。

④のオープンイノベーションの実施では、先述の福岡市実証実験フルサポート事業において、ＦＧＮの協力のもと「Beyond Coronavirus（＝コロナを乗り越える）」実証実験プロジェクト募集を行い、審査の結果7件を採択し社会実装に繋げました。

また、同年7月に発生した九州豪雨災害への対応として、エイジス、LisB、大塚製薬、グッデイ、健康住宅、住友商事九州、スリーアールグループ、日本経済大学、バカン、ベルテクス・パートナーズ、丸紅、Mellow（※50音順）の12社が「九州豪雨災害支援コンソーシアム」を組成し、複数の団体と連携して被災地への「支援金の寄付」、「支援物資の提供」など豪雨災害に見舞われている地域の支援を実施しました。この他、ナカダイの協力の下、福岡市内の全区内にある公民館へ計２８８台の消毒液スタンドを寄贈しました。寄贈された消毒液スタンドは、イベントで使用するために準備されていたものでしたが、新型コロナウイルス感染症の影響により無観客開催となり不要となったため、未使用のまま処分される予定だったものです。これらを廃棄するのではなく、本来の目的である消毒液スタンドとしての利用を促進する〝リユース〟を行うことで、新型コロナウイルス感染症対策だけでなく、環境負荷低減と資源循環も同時に実現することができました。

２０２１年6月には、地方自治体主体で進めているワクチン接種とは別のスキームとして、企業や大学などが自ら会場や医療従事者を確保して職場などでワクチン接種を行う「職域接種」が可能となりました。しかしながら、「会場は確保したが医療従事者が見つけられない」、「職域接種が認められる１０００人を集められない」、「会場運営のノウハウがない」など実際の運営面において様々な障害が顕在化していました。そこで、ワクチン接種の加速化を目的に、エール！ＦＵＫＵＯＫＡの一環としてＦＤＣ事務局内に推進担当者を配置し、福岡市とともにこれまでの集団接種で培ったノウハウの提供や、職域接種を希望する企業と会場・医療従事者とをマッチングするなど、産学官民が連携して職域接種を推進するという特徴的な取り組みを、全国市町村の中で初めて実施しました。

６月14日の窓口開設以来、事務局には企業や医療機関から接種のマッチング希望や問い合わせが多数寄せられました。中には、ボランティアとして接種のお手伝いをしたいと元看護士の方から申し出があるなど、反響は想像した以上に大きなものでした。この個別のマッチングでは、福岡市内のクリニックと連携し、計30社のマッチングを実現、また７月には、この事業に賛同いただいた楽天グループ㈱を実施主体とする『マリンメッセを会場とした職域接種』を実施するなど、ＦＤＣとして職域接種事業全体で計３万８６５２人に対し接種機会を生み出すことができました。

この事業を活用し社員への接種を完了した西日本高速道路㈱九州支社より「当時ワクチンをいつ受けられるのかという不安があった中、希望する全社員がワクチンを受けることができて社内に安心感が広がるとともにＮＥＸＣＯグループの感染拡大防止と事業継続に大きく寄与」したとして、ＦＤＣに対し感謝状を贈呈していただくなど、本事業への参加企業を中心に、多くの方々から喜びの声が寄せられました。

本事業は、本来は公共が担うべき政策的事業を産学官民が連携して民間の立場で行った象徴的な事例だと思います。エール！ＦＵＫＵＯＫＡを通じて生まれたＦＤＣ会員の連携による様々な取り組みは、産学官民連携によるプラットフォームの可能性を再確認する機会となりました。

国際金融機能誘致 TEAM FUKUOKA

ここまで、政策を社会に実装するに当たって、「情勢の変化を踏まえたアジャイルな政策形成」、「新たなニーズを捉えた事業のイノベーション」、「地域経済主体の対応力強化のための基盤形成」についてそれぞれ述べてきました。ここでは、この３つの視点を踏まえて進められた取り組みについて触れたいと思います。

２０２０年９月、オール福岡の産学官連携による「国際金融機能誘致 TEAM FUKUO-

KA」が設立されました。その経緯となったのは、同年6月の中華人民共和国における「香港国家安全維持法」の可決です。これにより香港の一国二制度が変更され、アジアの金融センターである香港の自由な経済活動が制限されるなど、国際金融機能に大きな影響が出ると考えられたのです。同年8月には、日本政府が従来から国際金融センターへの取り組みを進めてきた東京に加え、大阪を中心とする関西圏と福岡を候補地に国際金融機能を誘致し、外資系金融機関や海外の金融人材の受け入れ拡大を目指すという報に触れることになります。

これを受け、同年9月16日に福岡市の高島市長の呼びかけで福岡市と経済界による国際金融機能の誘致に向けた勉強会が開催されました。ここで、国際情勢の目線合わせ、オール福岡で体制を作り具体的な動き方や目指すべき方向性を明確化すること、スピードとリーダーシップの重要性などが確認されました。そして、勉強会からわずか2週間後の9月29日、九州経済連合会の麻生泰会長、九州電力の池辺和弘社長と福岡市の高島市長が発起人となり国際金融機能誘致 TEAM FUKUOKA の設立総会が開催されたのです。

TEAM FUKUOKA のメンバーは、会長に九州経済連合会会長、副会長に福岡県知事と福岡市長、顧問に九州大学総長、福岡県議会議長、福岡市議会議長、福岡商工会議所会

産学官のトップが一堂に集まるコンソーシアム

頭、幹事に九州電力、九州旅客鉄道（ＪＲ九州）、九電工、西部ガス、西日本シティ銀行、西日本鉄道、福岡銀行、福岡地所のそれぞれ社長と福岡証券取引所の理事長、本会の目的及び活動の趣旨に賛同し共に国際金融機能誘致に取り組む会員で構成され、ＦＤＣに事務局が設置されました。設立趣意書には、国際金融をはじめとした外資系企業や人材の誘致を実現していくためには、産学官の幅広い担い手が、想いを一つに、総力を挙げて連携していく必要があり、誘致に携わる多様な主体が、情報の共有・交換を進め、それぞれの特性を活かしながら取り組んでいく旨が記載されました。

　その後、国際金融機能誘致に向けた方針を具体化するために、10月29日に第1回目の幹事会を開催し、国際金融都市を巡る環境変化、福岡の目指すべき国際都市とはについて議論するとともに、福岡への国際金融機能の誘致にあたっての課題を例示しました。12月４日には第２回目の幹事会を開催し、メンバーが目標や課題認識を共有し、その実現に向けてオール福岡での機運情勢や各社・団体がそれぞれの特性を活かして自らやれることに取り組んでいくこととし、現状分析、目指す方向性、国際金融都市のイメージ、対応すべき課題などを整理した「国際金融機能誘致の方向性」を合意しました。

国際経済・社会の情勢は、国家安全維持法の施行により、国際金融センター香港から、人材や資金が流出する可能性があること、国際金融をはじめ経済活動について、国・地域、大都市、地方都市に関わらず、世界的に都市間競争が激化していること、世界の金融業界では、フィンテックやＥＳＧ投資など新たな潮流が生まれ、新しいビジネスモデルが不可欠な状況ですが、日本ではこの分野の競争性が低いこと、アジアの国際金融センターである香港、シンガポールと比較して、日本は所得税、法人税の税率が高く、在留資格などの規制も存在することなどを整理しました。

福岡の現状としては、治安の良さや政治的問題が少ない日本の中でも、東アジアの各都市に最も近く、同時被災のリスクが低い日本海側唯一の大都市であること、豊かな自然と充実した都市機能がコンパクトに整ったＱＯＬの高い都市ですが、英語対応など外国人に対応したビジネス・生活環境が脆弱であること、国家戦略特区に指定されスタートアップ都市となりましたが、フィンテックの推進やＩＰＯの機能強化など、先端産業の成長を加速させる仕組みが必要であること、福岡をはじめ九州内には数多くの優秀な理工系学生や留学生が存在しますが、就職などにより他都市・地域へ流出していることなどを整理しました。

　福岡が目指す方向性として他都市と比べて特徴的なのは、いわゆる国際金融センター、金融街をつくることを目指すのではなく、福岡らしい国際金融機能を集積させることにより、継続的にイノベーションを創出する国際都市を目指していく点です。地元企業やスタートアップの資金調達の可能性の拡大や外資系企業の進出による地元サービス経済の活性化、留学生を含む優秀なグローバル人材の定着、国際社会における福岡の知名度向上、外国人にも暮らしやすい生活環境・サービスの充実などによって、福岡らしい国際金融機能が集積し、グローバル人材が働く多様性のある都市、継続的にイノベーションを創出する活力ある都市、誰もが暮らしやすい都市を実現するとしています。

福岡が目指す国際金融都市は、福岡の特性と親和性が高い業種・業態が集積しているイメージです。高度人材はＱＯＬを重視する傾向があることや、米国や英国では資産運用業は首都だけでなく各都市に分散立地している傾向があること、世界的にグリーンファイナンス市場が拡大していることなどを踏まえ、ＱＯＬの高さやアジアに近いという地理的優位性を活かし、資産運用業をはじめ付随するカストディ業務を誘致することとしました。

また、日本の競争優位性が低い現状である一方、スタートアップ都市、理工系人材の豊富さ、エンジニアの集積などの特性を活かして、理工系人材やエンジニアが地域の金融機関などと連携した高度な金融サービスを構築するフィンテックの誘致などにより、決済、資産管理、ブロックチェーン、与信、融資など幅広い領域の付加価値の向上を目指すこととしました。東京や大阪との同時被災リスクの低さなども踏まえ、ＢＣＰ対応業務も重点的な誘致対象とし、災害や感染症リスクの低減や日本、アジアのバックアップ機能の強化を目指すことにしています。

これらの実現にあたり、TEAM FUKUOKA が対応すべき課題分野を大きく4分野設定しました。１つ目が「国際競争力のある制度の構築」です。日本の税率の高さや行政

重点誘致分野の集積効果

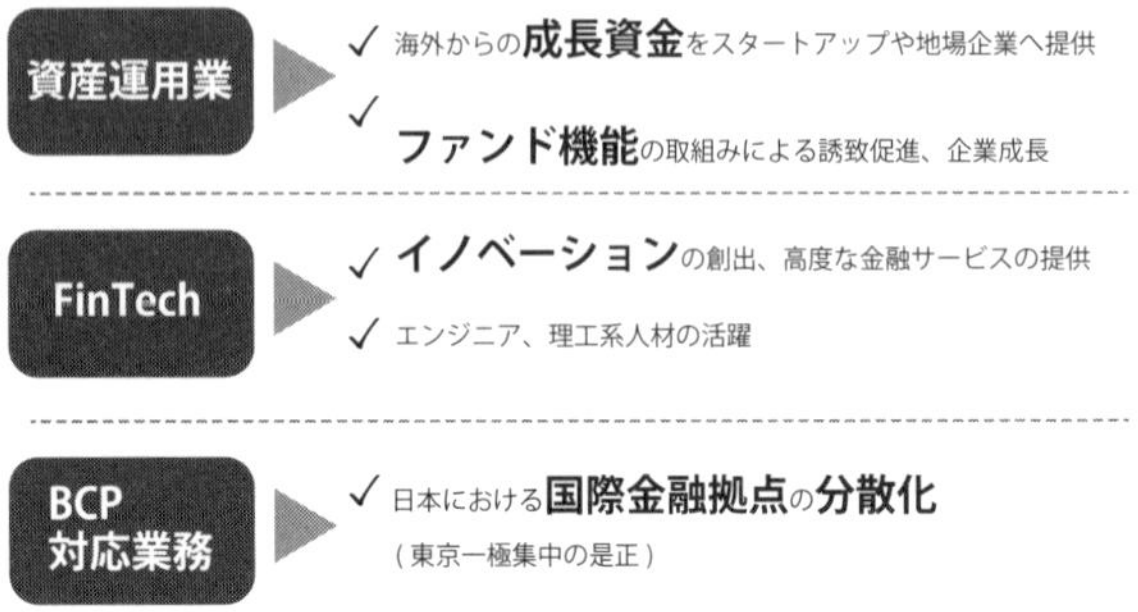

資産運用業	✓ 海外からの**成長資金**をスタートアップや地場企業へ提供
	✓ **ファンド機能**の取組みによる誘致促進、企業成長

FinTech	✓ **イノベーション**の創出、高度な金融サービスの提供
	✓ エンジニア、理工系人材の活躍

BCP対応業務	✓ 日本における**国際金融拠点**の**分散化**（東京一極集中の是正）

出所：福岡地域戦略推進協議会

手続きの簡素化、英語対応の問題等を解消する必要があり、課題と対応策としては税制、行政サービスの英語対応や手続き簡素化、在留資格の緩和、ワンストップ支援体制の構築をあげています。２つ目が「快適なビジネス環境の提供」です。高付加価値なオフィス環境の確保、通信インフラ環境の強化、福岡空港国際線の充実、優秀な留学生等の就職先の確保等を行う必要があり、課題と対応策としては付加価値が高いオフィス環境の確保、英語対応専門の士業の確保、資産運用業やフィンテックを支える地元の高度人材の創出、福岡空港の国際路線の機能強化をあげています。３つ目が「快適な生活環境の提供」で、外国人仕様

制度、ビジネス環境、生活環境、プロモーション

国際競争力のある **制度の構築**	・税制 ・行政サービスの英語対応や手続き簡素化 ・在留資格の緩和 ・ワンストップ支援体制の構築
快適な**ビジネス** **環境**の提供	・付加価値が高いオフィス環境の確保 ・英語対応専門の士業の確保 ・資産運用業や FinTech を支える地元の高度人材の創出 ・福岡空港の国際路線の機能強化
快適な**生活環境** の提供	・高度人材 (外国人) に対応したレジデンスの確保 ・インターナショナルスクールの充実 ・英語対応による生活サポート (医療…等) の充実
プロモーション 活動の推進	・ネットワーク等を活用した誘致プロモーション活動

出所 : 福岡地域戦略推進協議会

の住居や教育、医療、事故などの英語対応の充実が必要であり、課題と対応策としては外国人を含む高度人材に対応したレジデンスの確保、インターナショナルスクールの充実、英語対応による医療等の生活サポートの充実をあげています。４つ目が「プロモーション活動の推進」です。ネットワークづくりや情報発信等を強化する必要があり、福岡市による国際金融アンバサダーの委嘱をはじめとするネットワーク等を活用した誘致プロモーション活動をあげています。

　以上により、福岡が産学官連携によって国際金融機能の誘致を進めながら、継続的

にイノベーションを創出する国際都市を目指していくこと、これまでスタートアップ都市として、また、知識創造型産業の集積を推進することで、イノベーションや付加価値を生み出す環境を整えてきたこと、これに国際金融機能の優れた経営資源を加え、スタートアップ企業や地元企業の海外展開をはじめ、地域経済のより一層の活性化を図っていくために、ＩＰＯの機能強化や、都市としての資金調達の仕組みづくりについて、将来の課題として検討していく必要があること等を確認しました。そして、福岡が次のステージに飛躍していくためには、時限的な取り組みではなく、継続して実行していくことが重要であるとしました。

　具体的な動きとしては、福岡市は国際金融に特化したワンストップサポート窓口「Global Finance Centre」を開設し、２０２０年10月から２０２３年3月までの相談実績は５００件に上ります。福岡県は県内の外国人の方へ向けた医療環境を改善するため、電話通訳や医療通訳ボランティアの派遣を開始しました。民間企業によるコロナ対策などを備えた高付加価値なオフィスビルの開業や産学官連携による国内外のプロモーションも開始しています。メインの企業誘致では、２０２４年11月までに33社が福岡に進出しました。主なターゲットであるアジアからは香港から3社、シンガポールから4社、台湾から

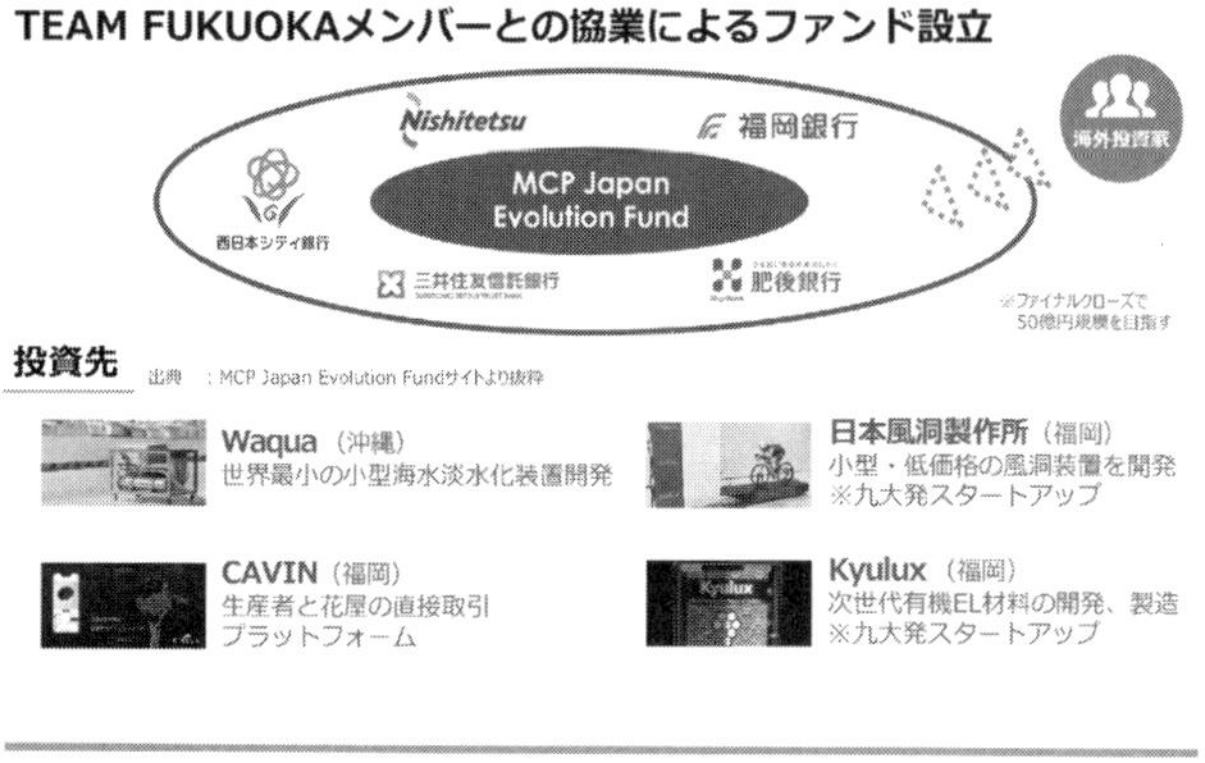

出所：福岡地域戦略推進協議会

３社、ベトナムから２社が進出、その他に米国から４社、オランダから１社、英国から１社、国内から12社が進出、新たに新設した企業が３社あります。

いくつか例を示します。重点誘致分野の資産運用業で誘致に成功した「ＭＣＰホールディングス」は、香港のオルタナティブ運用でアジア最大級の資産運用会社です。九州内でＥＳＧを重視するスタートアップや中小企業にファンド投資をする方針で、２０２３年３月にはTEAM FUKUOKAメンバーである西日本鉄道や福岡銀行、西日本シティ銀行、肥後銀行、三井住友信託銀行（２０２４年１月に日本政策投資銀行、アミタホールディングス、10月に福岡ひびき信用金庫、三菱ＵＦＪ銀行、三菱ＵＦＪ信託銀行も出資）との協業によるファイナルクローズで50億円規模の「九州発ジャパン・エボリューションファンド」を設立しました。九州・沖縄に事業基盤を有する主にミドルステージのスタートアップ企業及び将来的に九州・沖縄地域で事業を展開させる意向のある企業を投資対象としており、世界最小の小型海水淡水化装置開発のWaqua（沖縄）や九州大学発のスタートアップで小型・低価格の風洞装置開発の日本風洞製作所（福岡）、同じく九州大学発スタートアップで次世代有機ＥＬ材料の開発、製造のKyulux（福岡）、生産者と花屋の直接取引プラットフォームのCAVIN（福岡）などに投資を行っています。

重点誘致分野のフィンテックで誘致に成功した「M-DAQ」は、シンガポールの世界45カ国／地域でサービスを展開するユニコーン企業です。海外旅行時の両替や外国株式売買時等において、為替レートを有利な水準で固定する独自技術を他者に提供しています。もう1つの重点誘致分野のＢＣＰで誘致に成功した「エヌエヌ生命保険」は、オランダの中小企業向けに特化した保険販売を行う企業です。日本で35年に渡り保険を販売してきましたが、東京本社が災害などの影響を受けた場合でも、保険金支払い等の基幹業務の継続性確保を目的としたＢＣＰ拠点を福岡に開設しました。

この他に、台湾の中小企業向け融資の分野でトップシェアを誇る「玉山銀行」や株取引をプログラムにより超高速で行う高速取引行為者である「ダルマ・キャピタル」などに加え、世界20カ国で最先端のSTEAM教育、起業家教育を行うアフタースクール運営の「CURIOOkids」も福岡に進出しました。ＩＰＯの機能強化についても、２０２３年５月に福岡証券取引所プロ投資家向け市場の新たな開設に向けた準備の開始を表明するとともに、２０２３年10月には、上述したM-DAQ社が外貨両替機能を提供することで、海外の投資家が自国通貨建てで福岡証券取引所の上場銘柄を売買することを可能にする「Fukuoka TRC」のフィージビリティスタディを実施することを発表しました。

２０２４年には、政府が資産運用業の改革やアセットオーナーシップの改革など幅広い観点で取り組みを進めるために２０２３年に取りまとめた「資産運用立国実現プラン」を受けて設置された「金融・資産運用特区」に福岡県・福岡市が指定を受けました。福岡県・福岡市では「スタートアップ金融・資産運用特区」として、「アジアのゲートウェイ」等の福岡の特性を活かし、国際的な金融機関やその関連企業、（高度）金融人材を集

Fukuoka TRC の仕組み

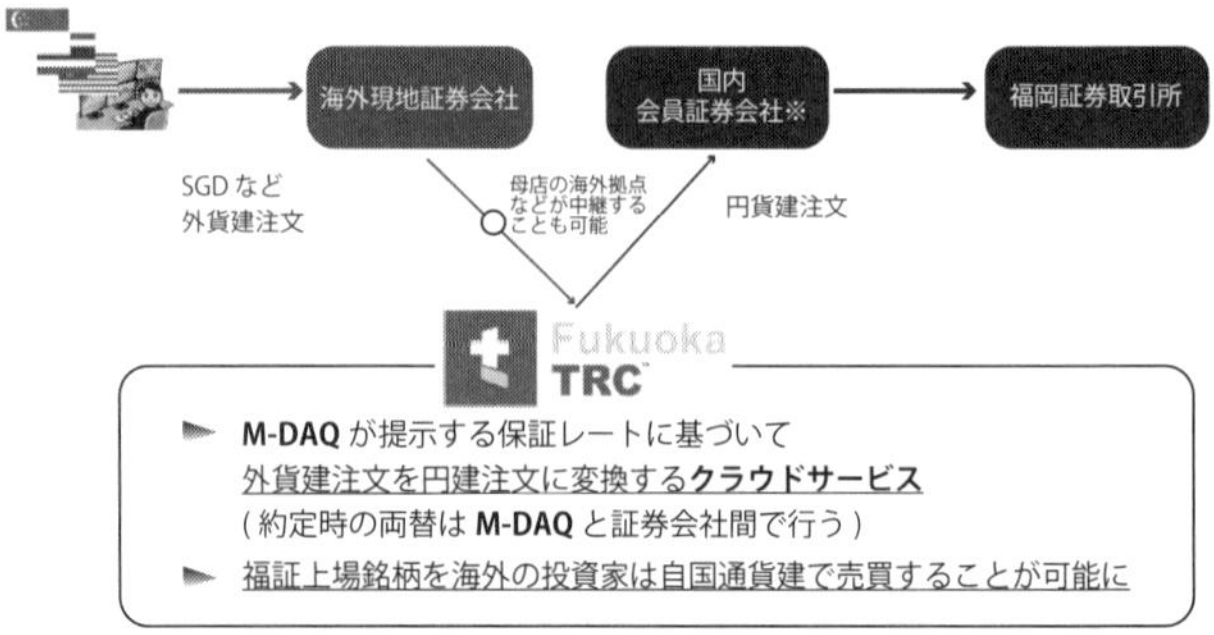
海外現地証券会社
国内
会員証券会社※
福岡証券取引所
SGD など
外貨建注文
母店の海外拠点
などが中継する
ことも可能
円貨建注文
Fukuoka
TRC
M-DAQ が提示する保証レートに基づいて
外貨建注文を円建注文に変換するクラウドサービス
(約定時の両替は M-DAQ と証券会社間で行う)
福証上場銘柄を海外の投資家は自国通貨建で売買することが可能に

＊福証会員証券会社のうち、FukuokaTRC の導入を行うことを決定し、福証と契約を納んだ会員証券会社

出所：福岡証券取引所

積し、こうしたアジアの活力を取り込みながら、福岡・九州のスタートアップや県内に集積する成長産業に成長資金を供給し、そのエコシステムを一層強化していくとしています。

　このように、福岡らしい国際金融機能の集積により、継続的にイノベーションを創出する国際都市を目指して取り組みを進めています。

効果的な産学官民連携の実現に向けて

　2017年、持続的な都市の成長を支えるためのPPPのあり方や、地域戦略に資する広域的な都市再生戦略のあり方について意見を求めるために、ＦＤＣの都市再生部会において「専門家委員会」を立ち上げました。委員会では、官民連携による戦略的都市開発のあり方や官民連携の事業手法、福岡県内の開発動向の整理と広域的な都市再生戦略の方向性（戦略的まちづくり方針）、広域的な都市開発マネジメント手法のあり方の検討などを行いました。その中で、「効果的な官民連携を実現するためのＦＤＣのあり方」について議論を行い、産学官民連携に対するコミットメントの強弱に応じたＦＤＣのあり方のパターンを整理しました。

　議論では、区域を跨ぐようなエリアのまちづくりにおいて、自治体同士や民間など様々なプレーヤーの調整役、官と民の間をマッチングするような調整機能は複数の民間事業者が関わる政策では特に重要、地域のブランディングにおいて域外からＭＩＣＥや交流人口を引き込むような対外的な発信と、地域住民、企業、行政とエリアの位置づけを共有し合意形成を図るための狭義のブランディングという2つの側面があり、ＦＤＣに期待される役割は大きい、許認可権限などを持つことは、かえってＦＤＣの良さを消してしまうのではないかなど多くの意見が出され、ＦＤＣが策定した戦略に実効性を持たせるために、準行政権限や資金調達機能など、ＦＤＣがどこまで何を担うかについて様々な視点から検討を行いました。議論を踏まえ、ＦＤＣは「各主体間の連携プラットフォーム」、「広域的な戦略の策定」、「プロトタイプの構築」、「事業体の組成及び資金調達の支援」を担うことを整理しました。今後ＦＤＣが所謂都市再生戦略の立案にとどまるか、計画の実行や調整にどの程度関与（コミットメント）するかが論点となりますが、行政権限を持つことでＦＤＣのリエゾンとしての良さが失われる可能性があるため、ＦＤＣの強みを生かして広域的な都市再生戦略を推進するべきであると結論づけました。

これを受け、２０２１年に福岡都心再生戦略を改定、支店経済からイノベーション経済を目指したフェーズから新たに「都心全体に広がるイノベーション経済」を目指すこととし、２０２２年には世界の13都市19地区からイノベーションの現状についてリサーチを行いました。リサーチでは、大きく4つの傾向を見ることができます。

１つ目は「都市開発と経済開発を連動させて包括的に取り組んでいる」ことです。都市整備政策と経済発展政策を骨格とする統合戦略が策定されており、カーボンニュートラル等の新たなトレンドに対する個別計画についても、イノベーションを軸に、都市整備と経済開発が連動した戦略を踏襲した方針が見られます。

２つ目は「複数の個性的なイノベーション地区を競争力とする」ことです。都心だけで

産学官民連携に対するコミットメントの強弱

弱	**各主体間の連携プラットフォーム**	・区域を跨ぐエリアや複数の民間事業者が関わるような大規模開発において、官と民、民と民、官と官の間に立ってコミュニケーションを進める調整役(PPP のノウハウの共有、広域調整など) ・民間による公物管理など、官と民の中間領域での調整役 ・FDC と会員企業の目から、収益を生む可能性がある公的不動産・低未利用地かどうか目利きを行い、自治体の PPP への意欲を高める
コミットメント	**広域的な戦略の策定**	・行政区をまたぐ広域を対象に、取り組むべきエリアや取り組み方針をまとめた将来ビジョンを作成する ・行政区をまたぐ広域を対象に、交通計画や立地適正化の方針などの構想を提案する
	プロトタイプの構築・普及	・他の自治体が参照したくなるようなリアリティと汎用性がある、質の高いプロトタイプをつくる ・成功事例を参照する流れや仕組みをつくり、広域へ波及させていく
	事業体の組成及び資金調達の支援	・実際の開発を行うまちづくり会社や SPC 等の事業体を生み出す ・エリア特性に応じたフレキシブルなファンディングを設計し、民間投資を促進する
強	**準行政権限**	・広域的な都市再生戦略に資するプロジェクトに対して、開発の許認可を行う

出所：福岡地域戦略推進協議会

なく、市域全体に複数のイノベーション地区（拠点、ホットスポット）を形成しており、行政が主導的に（戦略的に）形成した地区だけでなく、企業や大学などが形成した地区や自然発生的に形成された地区を、行政が戦略に位置付けるケースも多くあります。

３つ目は「人材育成や事業のスケールアップなど横串となる連携施策をもつ」ことです。性格の異なる複数のイノベーション地区を有することを活かして、人材の育成・定着・誘致、事業のスケールアップなどの施策を展開しています。

４つ目は「ピラーを中心としたエコシステム形成」です。イノベーションエコシステムの形成には、ピラー（エコシステムの中核となる企業や研究機関）の存在が重要で、ピラーが不在の場合でも行政や有力企業など公共的存在による政策的行動でも補うことができるとします。

２０２３年にはイノベーション都市に向けて福岡が取り組むべきアクションを導出し、イノベーションエコシステムの構築を目指しているオランダのアムステルダムをベンチマークして取り組みを進めています。アムステルダムは、オランダ／九州、アムステルダム都市圏／福岡都市圏が同規模であること、オランダはスタートアップ支援施策「Startup Delta」を打ち出し、国全体でスタートアップのエコシステムをつくり上げて

	オランダ	九州
面積	41,864 km²	44,512 km²
人口	1,747 万人 (2021 年)	1,280 万人 (2022 年)
GDP	10,135 億ドル ←約 2 倍→	4,830 億ドル
産業	多様な産業クラスター (アグリフード、バイオ、クリエイティブ、エネルギー、金融等)	多様な産業クラスター (自動車、バイオ医療、半導体、農林水産)
	アムステルダム	**福岡**
人口 (都市圏)	約 250 万人	約 265 万人
人口 (市)	92 万人 (2022 年)	164 万人 (2023 年)
域内での役割	首都 (※憲法上 / 実質的首都はハーグ)	九州の行政 / 経済 / 交通の中心地
広域での役割	欧州におけるスタートアップ発展の場	日本におけるスタートアップ先進地域
	欧州諸都市への好アクセス	**東アジアへの好アクセス**

出所 : 福岡地域戦略推進協議会

いること、個々の地域別の産業クラスターではなく、オランダ全体を一つのハブとして捉え、国外に向けて発信することで、国際的な地位向上とエコシステム構築を目指していること、欧州諸都市への好アクセスで、24時間以内に欧州の主要マーケットの9割以上にリーチできる立地を活かし、ヨーロッパ他国から若手起業家やスタートアップの誘致施策を実施していること、国内市場が小さいため、スタートアップは初期から海外展開を視野に入れ、国も積極的に海外派遣などの支援をしていることなどが主な理由です。

例えば、アムステルダムでは、持続可能で包括的な社会への移行を目指す「環境ビジョン２０５０」で、イノベーション地区の有望な地域を特定し、「イノベーション地区戦略」でイノベーション地区の考え方や各地区の分析、アクションを示しています。各地区の分析に際しては、アメリカの「GIID（Global Institute Innovation District）」というフレームワークで分析をしたとのことで、イノベーションエコシステムは、経済的資産（Economic Assets）、空間的資産（Physical Assets）、ネットワーク資産（Network Assets）が重なったものとしています。経済的資産は、その地区の特殊性を決めるもので、例えば、企業、知識組織、ファシリテーターなどを指します。空間的資産は、公共・民間の空間の質で、緑化、アクセスしやすさ、魅力的な建物など、その場所に行って仕事をしたいと思えるような魅力を指します。ネットワーク資産は、企業や空間がうまく活きるには連携が大切であり、フォーマルな企業間の連携やカフェ等でのインフォーマルな交流を指します。ネットワーク資産で大事なのがガバナンスで、その地区にある企業や空間が融合しているかを管理するとしています。

　イノベーション地区は全て、この３つの資産で分析し、どこに何の資産があるか文章化・視覚化した上で、戦略（アクションプラン）を立てているとのことです。アムステル

イノベーション地区を強化するためのアクションプラン

●イノベーション地区を強化するためのアクションプランを、資産別(全地区共通)と地区別で策定している

柱	目標	アクション	アクションホルダー
1 空間資産の強化	地域の空間的特質を強化する	1. イノベーション地区の高密度化	市
		2. 恒久的な柔軟性のある公共空間の研究	市
	イノベーションを刺激する実験空間を提供する	3. イノベーション地区における規制緩和ゾーンの検討	市
2 経済資産の強化	MBOとイノベーション地区の連携によるインパクトの拡大	4. MBOとイノベーション地区の関係強化	市、ROCvA、各地区パートナー
		5. 官民パートナーシップの拡大	市、ROCvA
	イノベーション地区内の革新的エコシステムの強化	6. 価値化によるインパクトの拡大	UvA、VU、UMC、HvA
		7. イノベーション地区における起業環境の強化	市、UvA、VU、UMC、HvA、他
		8. 新技術に関する組織能力の強化	市、各地区パートナー
		9. エコシステムを強化し、インパクトを与える企業や研究機関を誘致するために、自治体と地区の協力を求める	市、各地区パートナー
		10. 知識都市としてのアムステルダムを共同でプロファイリングするアプローチを策定する	市、アムステルダム・パートナーズ、各地区パートナー
		11. 人々のためのAI技術をさらに専門化する	AIプログラム(市、ROCvA)
3 ネットワーク資産の強化	さまざまなイノベーション地区、都市、地域間のネットワークを強化する	12. キャンパス・アムステルダムのフォローアップ	HvA
		13. イノベーション地区間の協力の促進	UvA、VU、HvA
		14. 資金調達の機会を探る	UvA、VU、UMC、HvA、市
		15. 地域の革新的エコシステムをつなぐ	アムステルダム経済委員会
		16. ノールドが本戦略の実施にどのように貢献できるかを検討する	市
	イノベーション地区(内)のネットワーク強化	17. イノベーション地区における企業と知識機関との積極的な協力の促進	市
		18. ガバナンス体制の構築	市、各地区のピラー機関

出所:福岡地域戦略推進協議会

※MBO: 中等職業教育 ※ROCvA: 中等職業教育機関による財団 ※UvA: アムステルダム大学 ※VU: アムステルダム自由大学 ※UMC: アムステルダム大学医療センター
※HvA: アムステルダム高等専門学校

ダムでは、図で示しているように、それぞれの資産と目標、アクションを整理するとともに、アクションホルダーとして産学官民に担い手がそれぞれ位置付けられています。上記で整理したように、ＦＤＣが「各主体間の連携プラットフォーム」、「広域的な戦略の策定」、「プロトタイプの構築」、「事業体の組成及び資金調達の支援」

などの役割を担っていくことで、社会実装はより加速するのではないかと考えています。

イノベーションとともにある都市研究会の中分毅さんは次のように述べています。イノベーションに向き合うに当たり、例えば、実際の生活の場を用いたリビングラボの手法を活用した実験を実現させるため、行政の管理のもとに実験を行う機会を提供するなど官の果たす役割も大きいと考えます。つまり官民連携が重要となるわけですが、その際、官と民では組織文化が相当違うため、境界を越えて両者をつなぐ連結者の支援が非常に重要となります。「境界連結者（boundary spanners）」という概念は、イギリスにおけるＰＰＰの失敗例と成功例の比較研究において見出された機能で、組織文化の異なる官と民をつなぐ境界連結者が存在したかどうかが両者を分ける重要な要因だったという考察がなされています。

ＦＤＣは産学官民の翻訳者（interpreter）の役割だと先述しましたが、政策を社会に実装するに当たり、今後の産学官民連携組織や機能が果たすべき役割を考えていく必要があります。

イギリスの中央銀行であるイングランド銀行のマーク・カーニー前総裁は、著書

「Value（s）- Building a Better World for ALL」の中で、市場の価値と人間の価値の間に制度的な「ずれ」があった。市場価値とは、市場価格のないもの、つまり人間の価値を除いて、すべてのものに価格をつけることだ。しかし、私たちは市場社会で暮らしており、そこではあらゆるものについて、価格がそのまま価値を表すようになりつつある。そのため、社会がうまく機能するために重要な道徳的資質に、どう価値をつければいいのかわからなくなってしまっていると述べています。

ユニバーシティ・カレッジ・ロンドン（ＵＣＬ）のマリアナ・マッツカート教授は、政府が資金を提供する企業とのパートナーシップは、利益ではなく公益を目的とするべきだと提案しています。道徳的資質には信頼や透明性、一貫性、責任などを指していると理解していますが、経済的利益として計りにくい自然資本や人的資本、社会資本なども含まれるでしょう。

今後は、市場的価値観だけでは解決しない問題にどのように向き合っていくのかの視点も求められるのではないかと思います。

また、先述のクラウス・シュワブ会長は、地域のリーダーや政策決定者は、様々なデータの活用により、以前よりも多くの分析結果を得られるものの、より短時間で決断を迫られるようになっており、時間軸が違う異なる社会集団の間で「時間感覚のずれ」を生み出しています。これにより、意思決定にかかるスピードや政策推進のプロセスに大きな影響を与えると指摘します。

従来の官や産学官民連携は、特例のレイヤー、特定の分野、特定の地域に関することなど、相対的にミクロの視点での活動が多いのではないかと思います。また、公共政策の実現が民間セクターのビジネスの成否や可否によって左右される、あるいは市場性がない場合に成り立たないということもあるでしょう。多様なセクターの時間軸や文化などを踏まえて、総合的に向き合っていくことも論点です。これらは、所謂中央集権的で、階層構造的な仕組みを持つ解決策は有効に機能せず、ポリセントリック（複数の中心点をもつ）かつマルチスケール（複数の異なるレベルで活動する）なガバナンスの仕組みが必要と考えられます。

この点、マギル大学クレグホーン寄附講座のヘンリー・ミンツバーグ教授は、著書『REBALANCING SOCIRTY』において、政府セクター、民間セクターではない、ＮＧＯ、社会運動、社会事業などから構成される「多元的セクター（plural sector）」が第３の柱になり、社会のバランスを取り戻す必要性があるとしています。また、イノベーション加速支援環境の構築と活用を目指すアライアンス組織である「Future Center Alliance Japan（FCAJ）」が、産学官民が相互に連携するエコシステムとして、「プルーラルセクター（plural sector）」というコンセプトを示しています。ここでいうプルーラル（plural）とは、複数の部門にまたがるという意味で、「官（public）」、「民（private）」、「第三セクター（semi-public）」のいずれでもない、これら異なった社会システムや組織を繋ぐ機能を持った「社会×経済セクター」として位置付けられるとしています。

このように、産学官民による連携や多様な個人、組織などによるコミュニティを軸とした役割・機能を社会に形成していくチャレンジが、新たなパラダイムとして生まれてきています。私はこれを次世代の産学官民連携のコンセプトとして、「プルーラル・ネクサス・パラダイム（Plural Nexus Paradigm）」と提唱したいと思います。「ネクサス（Nexus）」はラテン語由来の言葉で、「結びつき」や「連結」、「中心点」を意味します。複数の要素やセクターが集まり、相互に影響を及ぼし合う中心的な場所や連結点を示すために使われ、複雑なネットワークやシステム内で重要な役割を果たす結節点を指す場合にも使われます。「プルーラル」と「ネクサス」を使用することで、以下のようなイメージを強調します。

【多様なセクターの統合】
産学官民が１つの結節点で連結し、相互に協力し合う

【中心的役割】
この連携体制が、社会や経済の中で重要な役割を果たす中心的な存在となる

【相互作用】
各セクターが互いに影響を及ぼし合い、協力して課題解決やイノベーションを推進する

このパラダイムは、従来の官と民の連携だけでなく、官と官の連携、公と公の連携も加速させていくと考えられます。コミュニティを軸とした役割・機能を進めていくに当たり、共感的かつ奉仕的なリーダーシップによって、多様な利害関係者との真の関与を行い、そして包括的な協力関係を構築して、公益を踏まえた解決策を共に実現していくことになるでしょう。

第2章

社会を変える「人材」をつくる

Developing Talent to Transform Society

九州大学地域政策デザインスクール

前著『超成長都市「福岡」の秘密 世界が注目するイノベーションの仕組み』の読者から、「本で紹介されているような意欲ある担い手をどのように増やしていらっしゃいますか」という質問を頂いたことをご紹介しました。本章では、これまで九州で行ってきた、地域が自ら政策を企画立案し、その責任において政策を実行することができる知識と志を有する高度人材の育成についてご紹介したいと思います。

２０１０年、九州大学は地域の具体的な課題を把握し、国内外の情勢や近未来をとらえた広い視野で、「官」「民」を問わず地域像をデザインし政策を立案できる人材の育成を目的として、九州経済連合会、九州地域産業活性化センター（現、九州オープンイノベーションセンター）、九州経済調査協会、西日本新聞社とともに実行委員会を設立し、「地域政策デザイナー養成講座」を開設しました。２０１９年より実行委員会にＦＤＣが参画し「地域政策デザインスクール」と改組、新たに基礎自治体との連携による産学官民連携の地域政策デザインの実践に取り組んでいます。本スクールは、産学官民連携による政策立案モデルとして、これまでに様々な成果を出し、自立した九州を創造するための人材を輩出する役割を果たしてきました。

本スクールは九州大学大学院の基幹教育展開科目「地域政策デザイン論」として位置付けられ、全学の大学院生が履修できるようになっています。過去の履修者を見ると、専門職大学院ビジネススクール（経済学府産業マネジメント専攻）や専門職大学院（大学院医学系学府医療経営・管理学専攻）、法科大学院（ロースクール）、地球社会統合科学府、工学府、芸術工学府、システム情報科学府、生物資源環境化学府、統合新領域学府など幅広い分野の大学院生が応募して来ています。本スクールはそれ以外にも、受講生として企業や地方自治体から派遣された方や個人で参加する企業人、起業家、ＮＰＯ、フリーランスなど多彩な属性の方が参加できるようになっており、最近は九州に出向してきた国のキャリア官僚の参加なども増えてきました。年齢も属性も様々なメンバーが7ヶ月に渡って講義や討論を重ねます。開講から15年目となり、卒業生は約５００名、地方自治体や企業で活躍する人や新たに起業する人、首長、議員など政治の世界で活躍する人も生まれてきています。

本スクールの運営体制は、前述の実行委員会にて実施しており、会長の九州大学総長、理事長の九州大学理事・副学長、理事の九州経済連合会専務理事、九州経済調査協会理事長、西日本新聞社代表取締役社長、九州オープンイノベーションセンター専務理事、福岡地域戦略推進協議会（ＦＤＣ）事務局長、監事の堤公認会計士事務所所長、PwC Japan有限責任監査法人福岡事務所長、事務局長の九州大学科学技術イノベーション政策教育研究センター長で構成されています。実行委員会の下に、事務局を配置し、本スクールの窓口業務や総務・財務業務に加え、講座の設計・計画・評価・改善、全体の運用・管理、広報、各連携自治体との調整等を担います。指導担当のディレクターは各グループでの個別指導に加えグループワークの運営・進捗管理、コミュニケーター、フェロー等との調整、運営担当のディレクターは各回の運営計画及び進行、情報発信に加え、同窓会の調整なども行います。本スクールで特徴的なのはコミュニケーターとフェローの存在です。コミュニケーターは各連携自治体から本スクールの担当職員をアサインして頂き、受講生への各連携自治体の状況の情報共有やアドバイス、フィールドワークの調整、首長への報告の場の設定など様々な支援を頂いています。フェローは本スクールの卒業生が担当し、受講生の目標達成に向けた助言や相談の対応、学びやすい環境の整備、指導担当及び運営担当のディレクターと連携しながら受講生の伴走支援等を行います。これらの支援によって、各グループが立案した政策の実現可能性を飛躍的に向上させています。

本スクールの特徴をまとめると大きく４つあります。１つ目が多様な参加者によるネットワークです。企業幹部候補生や自治体職員、経営者、専門職、ＮＰＯ等の社会人のほか、九州大学の大学院生が参加します。年齢、国籍、業種等の異なる多様なメンバーが時間を共有し、強固なネットワークを築きます。２つ目が多彩な講師陣です。各専門分野の大学教授陣、活躍中のリーダー、企業・団体のＣＥＯなど、普段接する機会のない方々の講義と意見交換の場を提供します。３つ目が基礎自治体との連携により、具体的な地域（基礎自治体）を対象にして、提言をまとめます。地域の特徴や、方向性を踏まえた政策提言が求められます。４つ目が産学官民連携による実践的運営です。本スクールはタイムリーな問題を取り上げ、受講生が提案した政策やビジネスモデルを社会実装することを目標にしています。

２０１９年に基礎自治体との連携をスタートして以来、本スクールにおける政策提言のテーマを「持続可能な地域に資する政策デザインの実践～新しい社会のかたち～」と設定しています。人口減少、少子高齢化などのトレンドや地方創生、Society5.0などの政府の方針を踏まえた新しい社会のかたちをデザインします。また、九州という広域的な視座を

地域政策デザインスクール連携自治体（2019 ～ 2024）

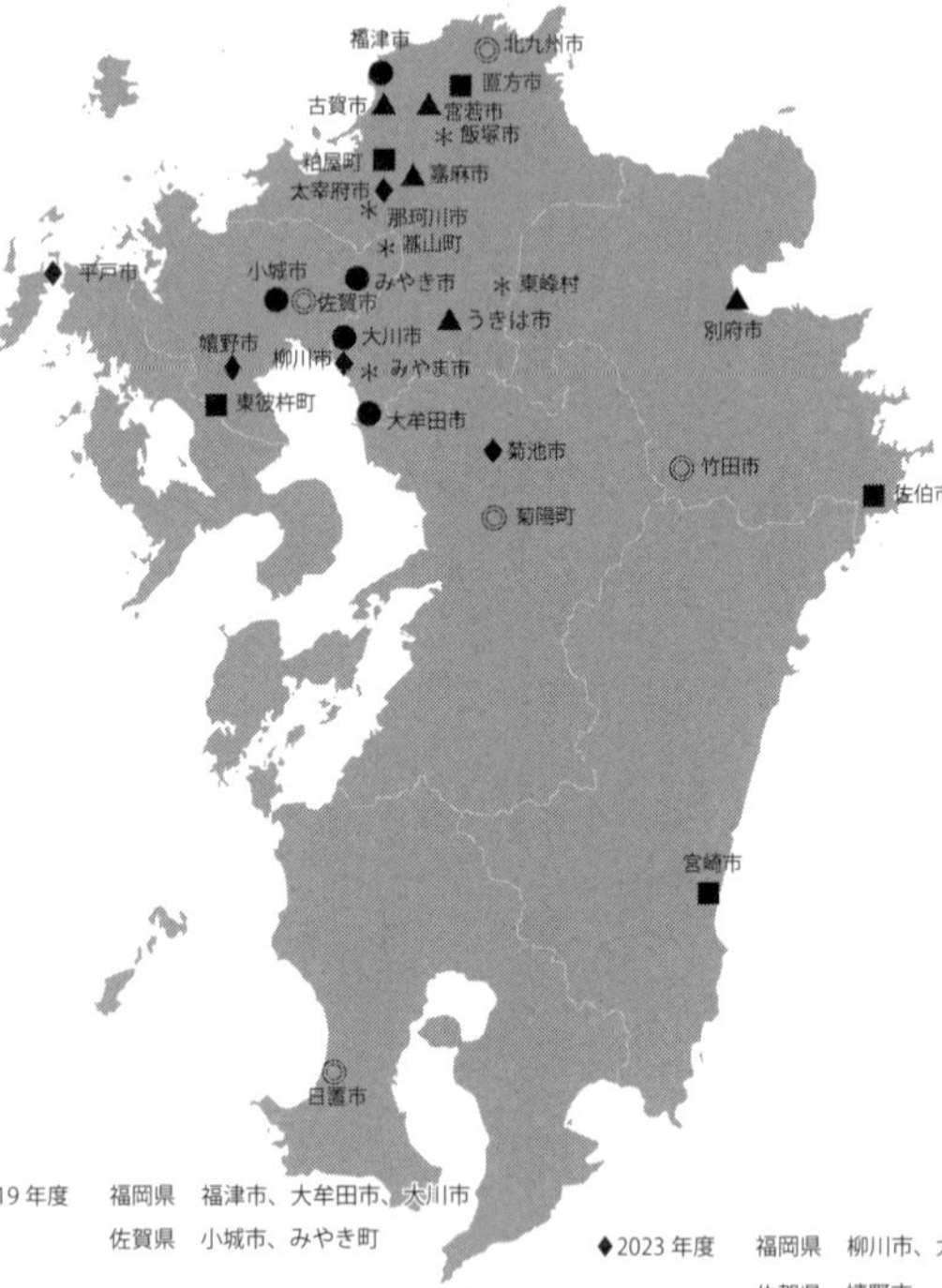

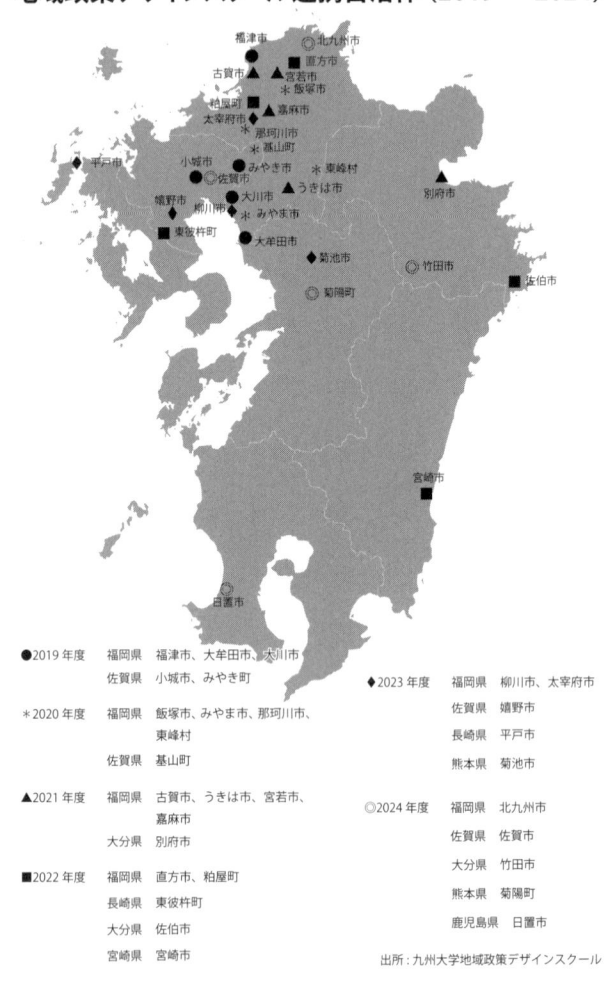

●2019 年度　福岡県　福津市、大牟田市、大川市
　佐賀県　小城市、みやき町

＊2020 年度　福岡県　飯塚市、みやま市、那珂川市、東峰村
　佐賀県　基山町

▲2021 年度　福岡県　古賀市、うきは市、宮若市、嘉麻市
　大分県　別府市

■2022 年度　福岡県　直方市、粕屋町
　長崎県　東彼杵町
　大分県　佐伯市
　宮崎県　宮崎市

◆2023 年度　福岡県　柳川市、太宰府市
　佐賀県　嬉野市
　長崎県　平戸市
　熊本県　菊池市

◎2024 年度　福岡県　北九州市
　佐賀県　佐賀市
　大分県　竹田市
　熊本県　菊陽町
　鹿児島県　日置市

出所：九州大学地域政策デザインスクール

意識し、より具体的な地域（基礎自治体）を想定し、各地域独自の特性を踏まえた政策課題の解決につないでいくプロセスを重視します。最終的に、地域の持続可能性につながる新たな取り組みやビジネスモデルを政策提言として取りまとめます。２０２４年までに九州各県の政令指定都市、中核市、施行時特例市、市町村など、合計30の基礎自治体と連携を行ってきています。

本スクールの全体の流れと講義の進め方ですが、４月から11月までの間、隔週で土曜日の午後、共通講義とグループワークの２部構成を基本として全16回開催します。全体の流れは、大きく３つのステージに分かれます。まず４～７月は「問題発見と初期構想」です。共通講義として、大学教員のほか、企業家、有識者、政策担当者、先進的な取り組みのパイオニアなどから話を聞いてインプットします。並行して、グループワークはその年の連携自治体のプレゼンテーションからスタートします。受講生約30名は、テーマを選択して、１グループ６名程度のチームを５つの連携自治体に対応して作ります。８～10月の「概念化と検証」にかけて、チームで関係者へのインタビューやフィールドワークを行い、議論を重ねて、提案する政策を検討。連携自治体の特徴や方向性を生かした政策立案

授業の進め方

1 土曜日午後の共通講義とグループワークの二部構成による16回(うち合宿2回)。

2 共通講義は受講生及び聴講生全員を対象とし、大学教員のほか、企業家、有識者、政策担当者、先進的な取り組みのパイオニアから話を聞きます。

3 グループワークは受講生を対象とし、関係者へのインタビューや現場体験などのフィールドワークを行い、公開の政策研究発表会に向けて作業を進めます。

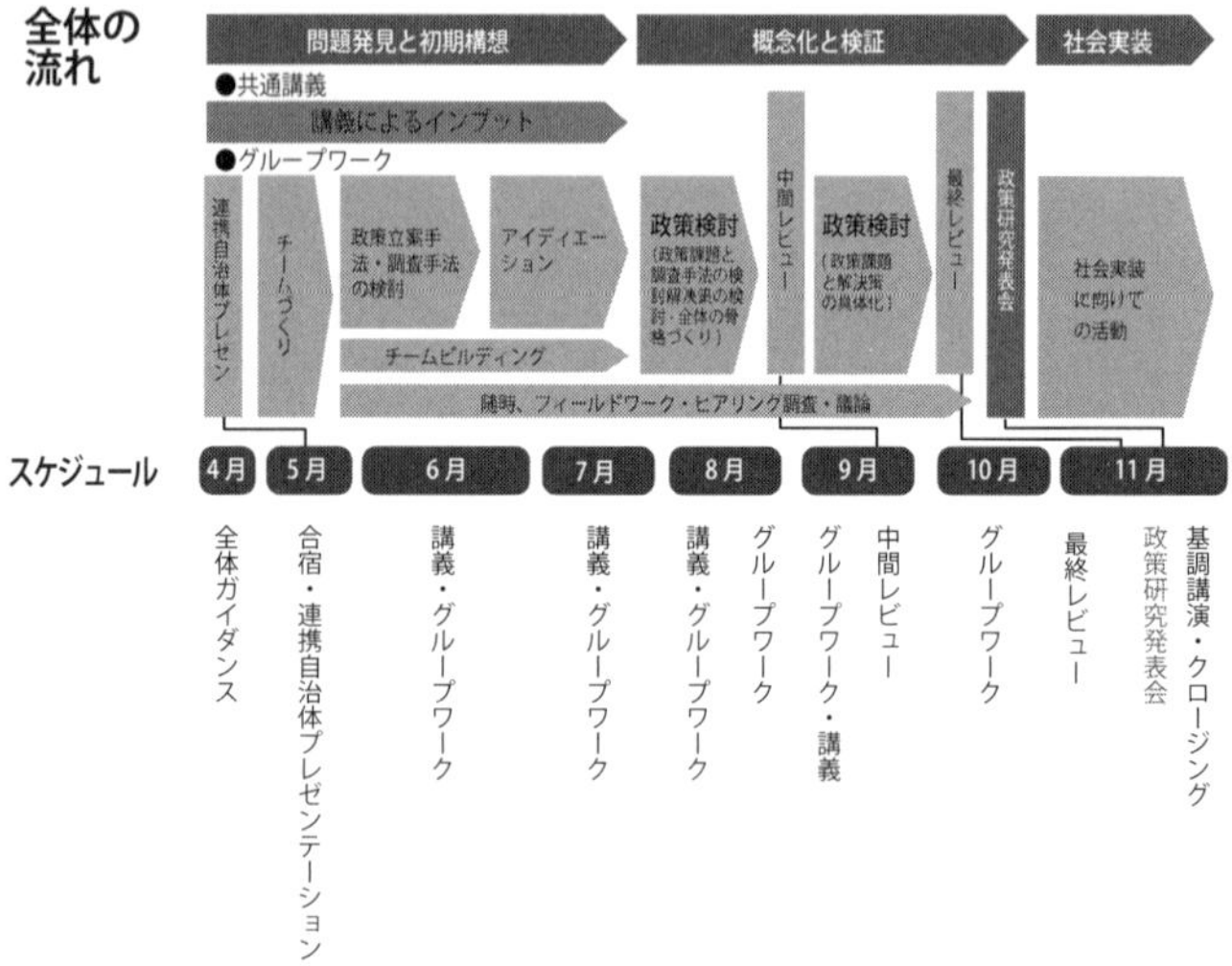

出所：九州大学地域政策デザインスクール

を行います。中間・最終レビューを経て、いよいよ11月に連携自治体を含む一般公開の政策研究発表会を迎えます。発表すれば終了、とならないのが本スクールの特徴です。発表会が終わった後も、提言した政策の「社会実装」に向けて活動を続けていきます。まさに「地域政策デザイン」を実現するのです。次の項では、本スクールにおける具体的な政策提案や実装の例の一部をご紹介していきます。

地域政策デザインの実践

本スクールでは、受講生が政策提言を行い、スクールが修了した後も連携自治体と関わりを持ち続け、政策の実現に至った例がたくさんあります。ここでは、福岡県大牟田市、福岡県福津市、福岡県宮若市、福岡県嘉麻市、佐賀県小城市（全国地方公共団体コード順）の事例をピックアップしてご紹介します。自治体毎に、最終発表した提言内容や窓口としてコミュニケーターを務めた自治体職員、チームをサポートしたフェロー、そして受講生の話をそれぞれ伺いました。そのリアルな声も併せてお届けします。

《福岡県大牟田市》

「大牟田から世界を変える！ 大牟田市の新産業創出
～環境問題の解決をリードする世界の COOL OMUTA へ～」

大牟田市の課題

大牟田市は室町時代に石炭を発掘し、石炭産業の街として発展してきました。明治期には、三井三池炭鉱が一大発展をとげ、日本の近代化に貢献してきました。その後、化学産業も発展してきました。しかし、１９６０年代石油へのエネルギー革命が起こり、炭鉱は縮小へ。１９９７年に三池炭鉱が閉山しました。石炭産業が縮小したことで、現在の人口は最盛期（20万人）の約半分になっています。高齢化率も全国平均を20年先行しており、このままでは、５年後には人口10万人を下回ることが予測されています。大牟田市の問題は、産業の衰退による、まちの魅力・活気の減衰です。この問題を解決するためには新しい産業の創出が必要です。

廃プラスチック問題に着目

　ここで、私たちは世界で問題になっている「廃プラスチック」に着目しました。この問題はＳＤＧｓの目標としても掲げられ、ニュースにも大きく取り上げられています。日本の廃プラスチック量は、年間約９００万トンです。これらをリサイクルしたもののうち15％はアジア諸外国に輸出しています。その大半が中国で、現地で再利用することができず、ゴミになってしまう問題がありました。これを受けて中国は、２０１８年にプラスチックの輸入を全面的に禁止しました。

　廃プラスチックは世界規模の問題であり、２０１９年夏にバーゼル条約にも追加。今後は排出したプラスチックは１００％自国で再生しなければならない状況になっています。環境省は「資源循環戦略」を打ち立て、すでに問題解決を進めています。２０３５年までに使用済プラスチックを１００％有効利用する目標があり、現在身近に進んでいるリデュース（プラスチック使用量を減らす取り組み）だけでなく、リユース・リサイクルをより進めなくてはなりません。

資源循環の取り組みは大きなビジネスチャンスと捉えることができます。三菱総研は、経済効果は約1・4兆円、雇用創出効果は約4万人と算出しています。経済産業省も産業政策として推進しており、サーキュラーエコノミー（循環経済）は世界でも大きく注目されています。

大牟田市の強み

これらの問題に取り組むための大牟田市の強みは大きく3つあります。1つ目は人材教育面です。大牟田市は日本で初めて全市立学校がユネスコスクールに一斉加盟した自治体です。海洋教育の拠点化を目指し、小学生の時から環境問題に対する高い意識教育が行われています。また、有明高専も社会課題解決に取り組む実践的な高度技術者を育成しています。同高専の特徴は、地域産業界の強いバックアップを受け、地域を挙げて優秀な学生を育てていることです。強みである一方、この優秀な学生が東京の大手企業に行ってしまうのが問題です。新産業創出により、優秀な学生の雇用を生み出すことが必要です。2つ目はものづくり・リサイクル企業の集積です。日本の大手化学メーカー（三井化学・デンカなど）を支えてきた製造業が集積しています。また、工業地帯に隣接したエコタウンもあります。３つ目は炭鉱時代から築き上げられた交通網です。空港も港もあり、世界とつながる拠点です。

【提言１】プラスチックリサイクルを効率化するＩＣＴ産業

これらの強みを活かした具体的な提言を行います。現在プラスチックリサイクルについては、①プラスチック製品に変えるマテリアルリサイクル、②化学原料に変えるケミカルリサイクル、③熱エネルギーに変えるサーマルリサイクルの３種類の手段があります。日本はサーマルリサイクルが主流ですが、世界はマテリアル・ケミカルに着目し、新しい技術が開発され、ベンチャー企業が誕生しています。

そこで、大牟田市においては、２つのアプローチでマテリアルリサイクルを推進します。１つ目が、廃プラスチックリサイクルを効率化させるＩＣＴ産業の創出です。廃プラスチックリサイクルの課題は選別プロセスが複雑であることです。これに対し、ＡＩ／センシング技術により選別を効率化させます。高性能のカメラで画像を認識し、画像診断とディープラーニングなどの最新技術で物質を判断します。その判断に基づいて、ロボットアームで選別していきます。画像診断やＡＩ、プログラミング、制御、回路などは有明高専の技術を、またロボットアームなどは地元機器メーカーとリサイクル事業者の選別技術などを持ち寄り、全体を大牟田市地域活性化センターがとりまとめて開発します。そして、ここで開発したＡＩ・ロボティクスソリューションを国内外に販売します。アフターサービスやメンテナンスにより継続した事業展開ができます。

【提言２】廃プラを利活用した新しいものづくり

ベルギーではコンテナサイズの３Ｄプリンターが存在し、実際に廃プラスチックから家具や建築資材が作られています。このように、大牟田産のプラスチックと新たな技術である３Ｄプリンターを組合せて、手軽に最終製品をつくります。これを担うのは産学官民で構成するデザインラボです。まずはリサイクル事業者が廃プラスチックを引き受け、リサーチ機関（高専・大学）が安全に再生できるプラスチックであるかどうか検査を行います。そして再生プラスチックを使い３Ｄプリンターで最終製品をつくります。ファブラボのようなイメージで、フリーランスのデザイナーや学生、一般の方が集まってものづくりができる場所を目指します。

まとめ

産学官民連携による上記の新産業創出により、若い研究者やクリエーターの雇用創出、環境問題解決に関する街としてのシビックプライドの向上が期待できます。また、企業やデザイナーとコラボすることで、大牟田産再生プラスチックの認知度が高まり、それをブランドにすることを目指します。廃プラスチックという環境問題の解決に向けた世界の先駆け的な存在となることで、大牟田の産業イメージをポジティヴなものに変えていくことができると確信しています。

【コミュニケーター】——角智昭
【フェロー】——徳永元康、竹村安正、日高太一
【メンバー】——柴崎達也、竹田昇平、香田裕美、佐倉浩之、橋本ゆうき、宮崎園子、吉田敏洋

大牟田市では、政策提言後にさまざまな動きがありました。「若者が夢をもって働くまちづくり」に向け、２０２０年から地域企業のＩＴ導入支援、ＩＴ人材育成、実証実験など、イノベーション創出事業の取り組みを進めています。２０２２年には、貸しオフィスやコワーキングスペース、イベントスペース等の機能を備えたイノベーション創出拠点「aurea」をオープン。市の中心部に位置する旧大牟田商工会館（１９３６年建築）を再生した施設です。

　私がモデレーターを務めて、大牟田市の現在、そして未来を見据え、イノベーション創出事業の展望や拠点について、大牟田市長、大牟田市商工会議所会頭、拠点の整備・運営を行う株式会社ベストアメニティホールディングス・内田代表による3者会談も行いました。様々な取り組みが実を結び、aurea内の貸しオフィスに、凸版印刷による国内3拠点目となるＤＸ開発拠点、さらに九州トップクラスのＩＣＴ企業であるシティアスコムの進出が決定。また、半導体メーカーとＩＴ企業の共同進出も決定し、施設の整備や学校との連携を推進。廃プラスチックを添加したアスファルトの舗装材料への利用研究プロジェクトも進んでいます。

コミュニケーターの角智昭さんは、当時をこう振り返ります。「大牟田市チームは、本講座の集大成である研究成果発表会で、見事なプレゼンを披露してくれました。しかし、あいにく当時の首長は欠席。そこで諦めなかったのは、大牟田市チームの皆さんの熱い思いがあったからこそだと思います。講座終了後にもかかわらず、大牟田市チームが大牟田市役所に再集結し、市長に対して直接政策提言を行っていただいたことに感動しました」。

フェローを務めた徳永元康さんは「当初、フェローという立場でどのようにチームを導き、あるいはお手伝いをすればいいか難しいと感じていました。しかし、打ち合わせに入って、議論に遠巻きにでも関わる中でフェローとしての存在意義を感じるように。最後の発表はフェローとしても大いに達成感のあるものになりました」と振り返ります。また、「課題をどう捉えるか決まらず、皆が悶々としているとき、大牟田の方と議論する場を設けました。そこで大牟田の歴史や思いなどを聞き、受講生が考えを話すことで、大牟田を良くするという共通の思いのもとで良い議論ができました。それから方向性が見えて、最終の提案につながりました。人と接することで見えることがあり、何かが見えるとどんどん進むことを実感しました」と話してくれました。

受講生の柴崎達也さんは、「約1年間、地域の課題を考え抜き、チームで議論を重ね、首長向けの提言が出来るという経験は大変貴重なものでした。人口減少、産業の衰退などと曖昧で大きなテーマに対し、現地フィールドワークで課題感を肌で感じつつ、講義で学んだことをヒントに切り口を検討し、課題を深掘りする作業は大変でしたが、最終発表および関市長へのプレゼンテーションを行い、実際にプロジェクト化できたことは大きな喜びでした。その後、角様たちのご尽力により、福岡県の研究プロジェクトに採択されたことも大変うれしく思いました」と感想を話します。特に印象に残っているのは、政策提言の中間レビューで2人から大量の質の高いフィードバックを受けたときのこと。「再度、提案内容を考え直すために、チームメンバーが運営する民泊施設で合宿し討議を重ね、その後も連日議論を続けました。不動産、ハウスメーカー、ライター、情報通信など異なるバックグラウンドを持つメンバーがそれぞれ意見を出し切り、まとめていく作業はとても大変でしたが、だからこそある種独自性のある提案ができたと思います。大変学びの深い1年になりました」と話してくれました。

《福岡県福津市》

「空き家対策 ～迷惑空き家を地域の資源に～」

空き家問題と津屋崎千軒

今回は福津市の津屋崎千軒という地域にフォーカスしました。ここは、江戸時代から明治期にかけて栄え、人家が千軒ほどもあったことから、〝津屋崎千軒〟と称され、今もその名を残しています。情緒溢れるまちなみに加え、伝統ある行事や強いコミュニティが残っています。また、すぐ隣の津屋崎海岸にはウミガメが産卵に訪れるほど自然も豊かです。福津市はこのまちの特徴を活かし、観光資源化を推進しています。津屋崎千軒では移住による空き家活用が進んでおり、10年以上も人口増が続いています。それは、移住支援ＬＬＰの山口代表や、古民家取り扱いの不動産業者の古橋代表といったプレイヤーが活躍し、津屋崎空き家活用応援団として空き家オーナーと移住者の双方に歩み寄ったサポートを行ってきたからです。その結果、これまでに２００人近くが移住しています。

空き家の分類と課題の抽出

一見すると問題がないように見えますが、実際はどうでしょうか。空き家は大きく３つに分類できます。１つ目が「所有者不明の空き家」です。これは、現在審議中の不動産登記法・民法の改正によって土地の登記が義務化されれば、所有者が明確化されて、利活用の交渉が出来るようになるため、結果として空き家の流動性が高まります。２つ目は「オーナーの利活用意向が低い空き家」です。これには、先に挙げた空き家活用応援団が行う個別交渉が有効です。３つ目が「税金滞納等による差し押さえ空き家」です。これについては利活用意向のある人やその支援者が直接手を出せず、課題があることが判明しました。

具体的事例としての旧旅館〝U〟

私たちは3つ目の「税金滞納等による差し押さえ空き家」に絞り、実在する「旧旅館〝U〟を具体的な事案として取り上げます。旧旅館〝U〟は反社会的勢力が所有し、現在福津市が差し押さえており、約10年間も半廃墟状態です。地域住民や来訪者からも治安や景観を危惧する声が上がっています。一方で海沿いの絶好のロケーションにあり、宿泊施設の少ない津屋崎千軒の観光資源として大きな可能性を秘めた物件です。

一見すると市が利活用できるように思われがちです。しかし、差し押さえでは所有権を移すことは出来ず、利活用は不可能だとわかりました。活用するには、所有権を持つ反社会的勢力が債権ごと売買する、また、市が公売を行って落札者に所有権を移す、この2つしか対処方法はありません。前者に関しては、所有者は交渉に一切応じていません。また、市は過去2回、公売に掛けましたが、入札者はありませんでした。反社会的勢力が所有する背景の差し押さえ物件の内見は法律上できず、修繕費や解体費が計算できないというハードルもあります。

一般的に、公売が成立すると落札者が行政に落札額を支払い、物件を取得します。同時に物件の所有権は落札者へと移ります。ただし、誰が落札したかを特定することも容易なため、落札者が反社会的な人物から迷惑行為を受ける恐れがあります。結果、公売が不成立となる可能性が生じます。また、新たな反社会的な人物が落札してしまう可能性もあります。

「買戻特約付公売」による課題解決

ここで、条件付き公売により行政が確実に物件を取得する、「買戻特約付公売」を提案します。「買戻特約付公売」は、従来の公売と同様、公売成立後は落札者が行政に落札額を支払い物件を取得します。物件の所有権が反社会的な人物から落札者へと移ります。ここで買戻特約を発効し、行政が落札額に不動産取得税等の諸費用を乗せた金額で落札者から物件を買い取ります。最終的な所有権は行政となります。行政は警察との連携があるため、反社会的な人物に対する抑止力となります。また、対象物件の賃貸契約を優先的に結ぶことで、落札者にもメリットがあります。万が一、反社会的な人物が落札しても、確実に買い戻せるというメリットがあります。これは全国各地の同様のケースにも適用できます。反社会的人物に利益が生じない点や不動産取得税の実質免除により、利活用意向のある人の負担軽減も狙います。

Contact Making Base〝TSUYAZAKI〟をテーマに

物件は単に宿泊施設としてではなく、新たな交流や雇用、活躍の場の機能を持ちます。そこで、地域の情緒や人の繋がりを大切にする津屋崎千軒の特徴を活かし、Contact Making Base〝TSUYAZAKI〟をコンセプトに据え「人」と「なにか」の接点作りや強化を推進する拠点としての利活用を提案します。例えば、マリンスポーツや海水浴の中継拠点、ワーケーションやスタートアップ支援の場、高齢者にＩＴリテラシー教育を施す場、身体的弱者がパワードスーツで山笠を担げるための開発拠点などが考えられます。遊び、仕事、先端技術など幅広いテーマを設定し、「人」と「体験」を繋ぐビジネスなど、域内外の人々がチャレンジできる環境を提供します。

まとめ

本提言により、反社会的勢力の影響等を含む、「税金滞納等による差し押さえ物件」を行政が取得することで安全に売買・賃借できる物件として利活用できるようになります。また、市の財政面でも、賃料を生み出すプラスの資産へと生まれ変わります。この場には行政もコーディネーターとして、運営に積極的に参画すべきです。本利活用プランによって「地域に雇用を生む津屋崎千軒の観光資源化を更に推進する」「利活用されることでの安心や安全」も含んだ、「利益」を地域に還元するといった、多くの副次効果が想定されます。これによって、「迷惑空き家」は「地域の資源」として利活用されるはずです。

〔コミュニケーター〕――高崎和也
〔フェロー〕――川口智廣、中村康平、保田奏美
〔メンバー〕――清田大樹、関口智仁、池田真理子、佐々倉賢一、神向寺圭、中林正太、葉奕池

◆

政策提言後、福津市では実際に動きがありました。買戻特約付公売は、第三者の引き受け手がなかったため断念し、その後、市が直接買い取る方式を選択しました。

２０２０年12月10日　福津市が随意売却で取得
２０２１年１月15日　元の所有者に明け渡し請求
同年１月31日　明け渡し期限、明け渡しに同意せず
同年３月１日　占有権移転禁止命令仮処分執行
同年３月29日　議会で「訴えの提起」を決議
同年３月30日　土地明け渡し請求訴訟
同年６月８日　福津市の勝訴
同年８月４日　建物明け渡しに係る強制執行の実施

本スクールから提言を受けたことで、手段は変更したものの、この建物が市のものとなり、長年にわたる地域住民の不安が解消しました。現在、市が地域の方と共に策定中の「津屋崎地区観光活性化事業計画」の中で、民間主導型官民連携による津屋崎地域の一体的な観光資源化を視野に、活用したい公共施設として、潮湯の温浴施設やヨットハーバーなどと共に、今後の利活用を検討しています。

この提言に至るまで、福津市チームには紆余曲折がありました。コミュニケーターの高崎和也さんは、スクールにワクワクして臨み、最終発表直前で課題をひっくり返した張本人です。スクール終了後に民間企業に転職し、「人生の転換期」だったと振り返ります。

フェローの川口智廣さんは、スクールを8期生として受講したのち、新しい受講者をサポートしたく、翌年から毎年フェローとして参画しています。「受講生としてチームビルティングや政策検討、またソリューションを導き出すプロセスをバックグラウンドが違うチームメンバーと作り上げるプレイヤーとしての感覚や経験と、それらのプロセスをフォローする側のマネジメントとしての感覚や経験は全く違うと、大きな気づきと学びになりました」とフェロー経験を受け止めています。福津市のケースについては「自治体からサポートに入っていただいたコミュニケーターの情熱がずば抜けており、現地での問題や課題への危機感が大きい中で、チームビルティングや政策検討が毎講義白熱して、私も熱量高く関わることができました。産学官民連携を学び、そして自走に向けたプログラムとなっている本講座の真骨頂を感じられるチームでした」と絶賛していました。

受講生の関口智仁さんは、受講当時、九州大学工学府航空宇宙工学専攻博士後期課程2年生でした。大学の後輩に誘われて、面白そうと受講を決意しました。このように学生と社会人がチームとなり学べることが、スクールの魅力の1つです。関口さんは、学生ならではの率直な感想を聞かせてくれました。「大人は思ったよりも人の話を聴いていない、という現実に直面して大変衝撃的でした。ファシリテーションのやり方や政策デザインの前提を事前に講義で共有されていても、頭から抜けてしまい、知識に基づかない自身の経験則に基づく意見が出たり、協調性を重視して反論が出なかったり、議論がなかなかスマートに進んでいかないことにもどかしさがありました。当時は自分が学生生活しか経験しておらず、あれから5年経ってそれなりに社会経験も踏むと、それがスタンダードであることにも当然気づき、そんな中でどのように議論を進めていくかを考えることが肝要であることも分かったのですが、当時は逆に大人に対しても臆せず物言いができたことが貴重だったのかなと思っています。年齢・立場に関係なく、チームメンバー同士がフラットに話せる間柄であったことが、非常に良かったと思っています。コミューンの羊やシステム思考など、講座で得た知識や経験は自分が現在、運営している組織（法人・サークル共に）で応用していることも多く、非常に有用であったと感じています。スクールでの日々は、自分にとって忘れようにも忘れられない経験となったことは間違いありません」。

さらに関口さんは、政策提言までの裏話も明かしてくれました。「観光需要に着目した

1回目の中間発表から大きく舵を切り、待機児童問題を中心に据えた2回目の中間発表を経て調査を深めていく中で、そもそも待機児童が市内に存在しないという事実に直面しました。最終発表の約2週間前に広い会議室で、全員頭を抱えながら迷走した議論をしている中で、「そもそも地域住民の全員が困っている問題って何なのか？」と立ち返り、初めて福津市にフィールドワークに行ったときのことを思い出しながら、チームメンバーと言葉を交わしました。その中で、よくよく考えてみたら、いの一番にメンバー全員の目に留まって、コミュニケーターの高崎さんからも、「アレは厄介者で解決できたらヒーローもんだね」と言われた〝U〟（元旅館で、当時は反社会的勢力の所有となっていた廃墟）が、どう考えても福津市の社会課題だと再認識することに。最初からこれは無理そうと思い込んで蓋をしていたのですが、ちょっと考えてみようということになり、公売に買い手がつきさえすれば突破口になり、買ってもらった後に市が買い戻せばいいのではないかと僕が半ば冗談で言ったら、高崎さんがそれは多分できると言われて、じゃあコレで行ってみようと合意に至り、急転直下で最終発表の政策が決まったのは印象に強く残っています」。そして自身について「スクールを受講したことで、他人の立場に立って物事を考えるようになったというのが最も変わった点だと思います。地域の視点も、行政の視点も、企業の視点も、それぞれが全て理に適っていて、それらをうまく噛み合わせると三方良しの活動が展開できると確信できるようになりました」と成長を語りました。

《福岡県宮若市》

「MUSUBUスクール宮若～子どもが主役の放課後改革～」

炭鉱から自動車・ITのまちへ

「宮若市」は、２００６年２月に、旧「宮田町」と「若宮町」の合併により誕生しました。人口２万７千人、面積は１４０㎢、福岡市と北九州市の中間に位置しています。

かつては炭鉱都市として栄えていましたが、１９９１年にトヨタ自動車九州の誘致に成功し、今では自動車関連企業が集まるまちとなりました。そして、２０２０年９月に宮若市とトライアル（ＩＴ技術を駆使し、全国に店舗を展開する小売企業、本社福岡市）との連携協定により、「リモートワークタウンムスブ宮若」というまちづくりプロジェクトがスタートしています。

まちの問題は「子育て世帯の転出」

「２０１９年宮若市人口ビジョン」による人口推移では、39歳以下が軒並み減少していて、小学校に入る前の子供を持つ世帯の転出が顕著です。一般的に引っ越しを考える場合、就職、結婚、子供の進学といった転機に加えて、移住先を選ぶ理由があります。まちの魅力として、通勤・通学・買い物の利便性などを総合的に比較した結果、他の地域が移住先として選択されていると考えられます。子育て世帯の転出が進むとまちの活気が失われ、さらに転出が進むという負の連鎖を食い止める必要があります。宮若市に住む子育て世帯の方へヒアリングをしたところ、習い事の選択肢の少なさや、送迎負担等の声があり、特に教育に関するニーズが高いことが分かりました。

学びの選択肢を増やし、保護者の送迎負担を減らす

宮若市で教育に取り組む意義は次の３点です。①学力向上への取り組みが、人口増加につながる可能性があること、②体験活動が子供たちのさまざまな能力を高める可能性があ

ること、③宮若市に本社を置くトヨタ自動車九州や、宮若市でまちづくりを進めるトライアルといった地元企業からの教育コンテンツの提供が可能であることです。

今回の政策提言では、まずは小学生向けの世帯をターゲットにすることで、新たな学びの選択肢が少ない、学習塾が少ない、送迎負担が大きいという子育て世帯の課題を総合的に解決します。そうすることで、将来的には中学生・高校生のいる世帯にも政策を広げることもできます。また、宮若市には学校統合で新しく整備される小学校もあり、新たな取り組みを始めるのに有利な環境があります。そこで、放課後の学校で多様な学びの場を提供することで、子供の選択肢・将来の可能性を広げ、保護者の自由な時間を生み出せるような政策、「ＭＵＳＵＢＵスクール宮若」を提言します。

放課後の学校を子供達の学びの場に

「ＭＵＳＵＢＵスクール宮若」の概要は以下のとおりです。

①放課後の学校活用

学校活用のメリットは、子供達が放課後の時間をたくさんの友達と一緒に過ごせることです。保護者にとっては、塾に子供を通わせている場合、学校の送迎に加えて塾への送迎も必要ですが、放課後の学校に塾があれば、送迎の回数が減り負担の軽減になります。

②充実した教育コンテンツ

現在、地元企業４社とコンテンツの提供に向けた調整を進めています。宮若市に本社を置くトヨタ自動車九州は、ＳＤＧｓ教育をいろいろな場所で実施しています。宮若市でまちづくりを推進中のトライアルは、ＡＩ講座の提供も可能です。イーケイジャパンは、プログラミング講座を実施できます。英進館は学力向上のためのレベルの高い授業の提供が可能です。

また、「ＭＵＳＵＢＵスクール宮若」ではオンライン環境を積極的に活用します。ニューノーマルの時代にあわせて、オンラインのコンテンツも準備することで、コロナ禍のような状況でも学びを継続できる体制が必要です。行政だけでなく民間企業とも連携することで充実したコンテンツを準備し、子供の学びの選択肢を増やすことができます。

③「子供教室」と「学童」の統合

国では、子供教室は文部科学省、学童は厚生労働省が所管しています。子供教室は全ての子供を対象に、学校が対応できる時間帯で、学習支援や文化活動を提供しています。一方、学童は共働き世帯の子供を預かるため、18時以降まで対応しており、遊びや生活の場を提供する場となっています。文科省と厚労省では、子供教室と学童の一体化や連携の動きを進めていますが、その主な目的は、小1の壁の解消と待機児童の解消であり、あくまで学童がベースとなった取り組みになっています。

宮若市では、既に子供教室と学童を一体型・連携型で運営していますが、今回の政策提言では、多様な教育ニーズへの対応と送迎負担の軽減を目的としています。子供教室の内容の充実、実施時間を延長することで、結果的に学童の要素を取り込み、学びも遊びも提供できる場を目指します。

④運営体制

現在、宮若市から子供教室の運営を受託している事業者の体制を拡充するイメージです。授業のコーディネート、参加者の調整等、運営全般を担っていただくことを検討しています。現在の宮若市の子供教室と学童の運営事業者は別々ですが、将来的には統合することで合理的な運営が可能となります。運営に必要な財源の候補としては、ふるさと納税や、トライアル社への廃校売却により削減された学校の維持管理費などが挙げられます。

持続可能な子育てしやすいまちのモデルへ

まずはスモールスタートとして、２０２２年4月に開校した光陵小学校の空き教室を利用し、既存の子供教室の時間帯で、他の自治体で実施しているコンテンツを週１回程度実施することを考えています。将来的には、コンテンツの拡充、時間帯の拡大、他校への展開も進めながら、学童との統合により、放課後の支援を充実させることを目指します。また、市で拡大するＡＩデマンドタクシーと連携し、保護者の送迎負担を軽くするイメージを持っています。

「ＭＵＳＵＢＵスクール宮若」を実装することで、宮若市が持続可能な子育てしやすい先進的なまちになり、この取り組みがいろいろな自治体で展開されれば、日本の未来はとても明るいと思います。

［コミュニケーター］——野見山徹
［フェロー］——角聡、田中芳彦、楢原直人
［メンバー］——今里宏平、篠崎航太朗、富永沙和、橋口義則、水谷祐一朗、森下則之

◆

政策提言後、宮若市では放課後の学校を活用し、多様な学びの場を提供する「ＭＵＳＵＢＵスクール宮若」事業の立ち上げに取り組みました。２０２２年度にはスモールスタートとして、モデル校で英進館による①学力向上指導（算数・数学）、②キャリア教育を実施しました。モデル校は3校で、小中学生84名の応募がありました。運営は宮若市・宮若市教育委員会、本スクール宮若市チームが担い、２０２２年度の事業費は「ＳＤＧｓ地域課題解決ソーシャルビジネス事業２０２２」の助成金を活用しました。

コミュニケーターの野見山徹さんは、スクールに参加することが決まったとき、「九州大学と新たな連携の機会がいただけることに期待感を持って臨みました」と振り返ります。「職種や年齢の異なる方々が、縁もゆかりもないまちのことを一心に考えてくれる。

その中で意見の違いや考えを各々が尊重し、調和を乱すことなく、皆で前進していく最高のメンバーと共に時間を共有できたことは、私にとって大きな財産です」。講座が終わった後、提言の一部内容を政策に実装できて、現在も事業を継続中。「さらなる内容の充実を図っていきたいと考えています」。講座から3年経った今、スクールでまいた種は芽を出し成長を続けています。

フェローを務めた角聡さんは、２０１６年から2年間、九州経済連合会に出向し、スクールの事務局業務を担当していました。自社へ復帰した後、フェロー就任の打診を快諾。「産学官民が連携することで創出される地域政策における無限の可能性を体感できました」。宮若チームの提言は実装されていますが、実はその道のりは波乱万丈だったと角さんは打ち明けます。「チームの政策提言を取りまとめる上で、何度も市長と意見交換を行いました。当時の市長は、その政策提言を市長選の公約に掲げましたが、残念ながら落選。新市長のもとではその政策は実行困難であったものの、教育長の判断で九州オープンイノベーションセンターからの助成金を活用し、スモールスタートで社会実装した結果、好評を得ました。その結果を踏まえて市の政策として予算化し、現在も継続しています。宮若市チームのメンバーがスクール終了後も続けて活動し、宮若市と粘り強く交渉した成果だと思います」。

　受講生の橋口義則さんは、職場の方から声をかけられて受講を決めました。「受講当初はいろいろと難解でついていくのがやっとでしたが、スケジュール調整など自分の得意分野を生かしながら、少しずつ議論に溶け込んでいきました。チームワークによる物事の進め方、課題解決や合意形成の手法を体感しながらコツを知ることができ、自身の成長を実感し、社外の人脈もできました」と自身の変化を語ります。「政策提言にあたっては試行錯誤の連続でしたが、フェローのアドバイスと励ましが心強かったです。放課後に学校で塾の授業を実施するという政策が実装されたとき、たくさんの児童がイキイキと参加してくれている様子が見られて、やって良かったと心から思いました」とやりがいを実感していました。

《福岡県嘉麻市》

「福岡のおへそから世界をわかす～KamaCity 6.4～」

嘉麻市が抱える悩み

嘉麻市は福岡県の中央に位置し「福岡のおへそ」と呼ばれています。人口は約３万６千人、人口減少と高齢化が進む中、雇用創出に取り組んでいます。短期的な企業誘致施策や、中長期的な工業団地造成施策はどちらも難航している状況で、私達は、競争相手がひしめく既存分野ではなく、成長が見込まれる新規の分野に目を向ける必要があると考えました。

政策検討３つの視点×昆虫ビジネス

現状を踏まえ、早期かつ継続的に雇用を創出する政策には「成長性」「新規性」「嘉麻市との相性」が必要だと考えました。政策について議論する中で、メンバーから昆虫ビジネスの提案があり、私達は上記３つの観点で検討し、実現性を検証しました。昆虫ビジネスの成長性は、国内外の企業の参入により、昆虫食の市場だけでも２０５０年には25兆円を超える予想です。ヒアリングしたスタートアップ企業のなかで連携に前向きな2社のノウハウと嘉麻市のリソースを掛け合わせ、新たな雇用創出に繋がると感じました。

現在、その新規性から多くの大学が昆虫研究に取り組んでいますが、フィールドやパートナー不足により事業化の事例は少なく、嘉麻市が大学と連携することで、シーズの事業化や事業拡大のスピードが増すと考えます。また、連携協議をしている九州大学は、昆虫研究者数が日本一と非常に心強い存在で、嘉麻市が昆虫ビジネスを推進する自治体初の事例となります。

なお、嘉麻市には、合併前の旧山田市で養蚕農家が存在したという歴史や、ムシとヒトが共存できる環境が残っているという強みがあり、フィールドワークで訪ねた農家の方々とも、農業残渣の利活用による飼料や肥料での連携の可能性を感じ、非常に相性が良いです。

昆虫産業都市構想～KamaCity6.4～をひも解く

以上の検証を踏まえ、私達は嘉麻市に「昆虫産業都市構想～KamaCity6.4～」を提言します。本構想は、バイオ・メディカル、フード、ミュージアムの３つのプロジェクトを中核に事業を展開し、「継続的な雇用を生み出す」「事業性を確保し地域共創の仕組みを作る」「九州大学との連携とソフト面からまちづくりを行う」ことを目的とします。

バイオ・メディカルプロジェクトは、九州大学との連携を軸に、嘉麻市で研究のフィールドを展開、社会実装に向け研究や実証事業を推進し、雇用の創出を図りながら拡大します。例えば、蚕のエサとなる桑の葉の栽培、養蚕、その蚕から血清の抽出を九州大学と連携して行い、血清は細胞培養に使用する他大学や関連会社に販売します。事業スキームは、九州大学が研究開発からプロジェクトを発足させ、そのプロジェクトのプレイヤーが進出しやすい事業支援を嘉麻市が実施、プロジェクト推進団体を設立し、地場企業や嘉麻市への進出企業の事業促進と、併せて住民や販売先企業とも連携を図り円滑に進んでいくようマネジメントを行います。また、嘉麻市での九州大学による昆虫研究が認知されるにつれ、市外より企業が嘉麻市に進出し、雇用が拡大することを想定しています。

フードプロジェクトは、スモールスタートとして養殖で始動した後に加工と商品開発の分野にも進出し、養殖から販売までのサプライチェーンを嘉麻市内で作ることで、雇用の創出と拡大を図ります。コオロギは、栄養価が高く飼育しやすい点に加え、省スペースで養殖できるため廃校などの遊休資産を活用できます。事業スキームは、嘉麻市が進出しやすい事業支援を実施、地場企業やスタートアップで養殖されたコオロギを、プロジェクト推進団体が加工会社へ販売、養殖事業を軌道に乗せた後、加工や販売に関する企業を誘致、創設を図ります。

ミュージアムプロジェクトは、学外に昆虫標本の保管場所を探している九州大学に対し、嘉麻市が保管場所候補として手をあげ、嘉麻市の廃校で保管・展示し、見て・触れて・学べる「体験型昆虫総合博物館」を開館します。ここを昆虫産業の拠点として広くＰＲしていくことで、老若男女楽しめる体験型の施設に関係する雇用が生まれます。

KamaCity 6.4 の幕開け

本構想の実現に向け、嘉麻市は九州大学と協定を締結します。これにより飼育方法の効率化や、大学の研究と実証など、昆虫ビジネスの新規性を享受し、多角的な展開が可能になります。また、嘉麻市への進出を検討する企業への促進策として、遊休資産等の活用支援を行います。実施体制は九州大学、ＦＤＣ、スタートアップ、昆虫研究者や昆虫関連事業者などによるプロジェクト推進団体を中心とし、事業を推進します。これにより国内外の企業が昆虫産業都市嘉麻での可能性を求め、嘉麻市へ進出することが期待されます。

実装スケジュールは、２０２２年度中にプロジェクト推進団体の設立や九州大学との協定を締結し、ステークホルダーとの調整や昆虫関連企業の獲得も目指します。２０２３年度に産学官民連携による3プロジェクトを始動させ、２０２４年度に昆虫総合博物館をオープンします。本構想により関連企業が集まると同時に、住民や地場企業にも波及して、まちが盛り上がっていくと考えています。２０３０年には、20社（５００人の雇用）の企業が集まる昆虫ビジネスの集積地を目指します。（雇用の内訳：バイオ・メディカルプロジェクト２７０人、フードプロジェクト２００人、ミュージアムプロジェクト30人）

最後に、私達は、嘉麻市が自治体として初の昆虫産業の集積地となり、国際的なルールメイキングもリードする、つまり、福岡のおへそから世界をわかす！そんな嘉麻市の未来を創ります。

[コミュニケーター]――穴見琴枝
[フェロー]――清田大樹、川口智廣、秋本泰行
[メンバー]――浅田洋子、井上隆弘、郷原裕季、野口亮、廣瀬梨早、堀口大輔

◆

政策提言後の2022年8月、嘉麻市は九州大学大学院農学研究院附属昆虫科学・新産業創生研究センターと連携協定を締結。締結式には、スクールの嘉麻市チームの皆さんと私も参加し、応援メッセージを送りました。同年11月には庁内に嘉麻市昆虫産業都市構想推進本部を設置。九州大学が保有する昆虫標本棚を市内の廃校に受け入れたり、学生による九大グッズ開発プロジェクト第2弾「九大カイコのウン入りクッキー」の製造を市内の洋菓子店が担当したりしました。嘉麻市昆虫産業都市産学官連携協議会を開催しながら、今後もチャレンジしていく予定です。

コミュニケーターの穴見琴枝さんは、「多様な参加者と市の課題解決を目指すことへの期待が大きく、主になって関わる機会を得られたことが非常にうれしく楽しみでした」と当初の思いを振り返ります。行政側の立場でありながら「講座全体を通して、運営陣のメンバーへの関わり方や全体のプログラム構成、組織マネジメント、プロジェクトデザインのあり方などについて学ぶことが多く、さまざまな気づきを得られました」。また、「受講生からいただいた『嘉麻市だけではできなかったことを、私たちが一緒に取り組むことで可能にすることに意義がある』という言葉が印象に残っています。できない理由を払拭し、大きな期待を与えてくれて、この言葉でみんなの気持ちがひとつになりました。『ちょっと頑張ったくらいでは届かないことをゴールにする』との言葉の通り、今あるリソースを最大限フル活用して難しいことにも立ち向かう、そんなエネルギーをたくさんいただきました」。

フェローの清田大樹さんは、自身が受講生として参加した後、フェローに就任しました。講座全体を俯瞰して、こう語ります。「毎年、チームでの施策検討段階には似たような政策、例えば地域商社の新設、応援隊強化などが出てきます。その政策の穴を講師陣のレビューで突かれ、改めて施策を考えるけれど、すでに自治体がトライ済みのものが多いという事実に突き当たります。自治体が生き残りをかけていかに苦労されているかを思い知り、やっと検討のスタートに立つと感じています。自治体の苦悩、地域に住む方々の思いが受講生に伝播して、政策立案に熱がこもっていく過程が大好きです」。嘉麻市のフェローとして印象に残っているのは「グループワークの際に、受講生の一人が手作りのケーキを差し入れで持ってきて、それにがっつりコオロギパウダーが使われていたこと。自分は昆虫食が苦手でしたが、全く気付かずに食べて驚きました」。そして、スクールを「他流試合を体感できる場所」と表現。「私が勤務する企業でも、地域課題を分析しビジネスにつなげる活動をしますが、スクールのように多種多様なメンバーでの検討機会はまずありません。自分の思考の枠をググっと広げてくれて、刺激的な体験ができるのがスクールの魅力です。でも、受講生のときは本当に検討が進まずに大変でした…。またやるかと言われたら尻込みしてしまいそうなくらい、刺激的な活動だと思います」。

受講生の野口亮さんがスクールに参加したのは、「スクール卒業生からいろいろな話を聞いて興味を持ったから。さらに私自身が過疎地域の出身で、地元に貢献できる学びが得られるかもしれない期待を持てたことも大きかった」といいます。「終盤は連日長時間の打ち合わせで心身ともに大変でしたが、政策検討はもちろん仲間との合意形成など、社外の人たちとの交流はとても楽しい経験でした」。そして、自身の成長も実感しています。「原口唯先生が講義で紹介された『群盲象を評す』にはハッとしました。『みんなちょっとだけ正しい』と表現されていましたが、まさに地域政策において、多様な価値観を配慮し受け入れながら考えていく基礎となる学びで、市の職員、住民、事業者、チームメンバー、ディレクターなど誰と話すときでも意識していました。ファシリテーション力が磨かれ、多様な価値観に対する意識がより高まりました」。

《佐賀県小城市》

「棚田元年 ～次世代の力を活かした棚田の維持と地域活性化～」

はじめに

佐賀県小城市の江里山地区は天山山系中腹標高２５０ｍに位置しており、人口70人の小さな集落です。特徴は約６００枚の美しい棚田です。この景観が美しいと認められ「日本農村景観百選」や「日本の棚田百選」など色々な認定を受けています。しかし、棚田の１２０枚が耕作放棄地となっています。今回、小城市長より「小城市の棚田は国土保全の観点や小城市の原風景として守り続けなければならない。しかし、その棚田が維持できなくなってきており、棚田のある江里山地区を活性化させてほしい」という言葉を受けて、調査を始めました。

棚田の価値とは

一般的には３つあると言われています。１つ目は農業です。棚田で作られたお米はとても美味しいと言われます。２つ目は景観です。棚田は日本の原風景と言われることもあります。３つ目は国土保全です。小城市固有の棚田の価値を見てみます。天山山系に降り注いだ雨が江里山の棚田を通り養分を含んだ地下水になります。その地下水は河川を通じて、平野部の農業や有明海の漁業に良い影響を与えています。棚田が無くなってしまうと江里山だけでなく、広く平野部の農業や有明海の漁業に影響を与えてしまうのです。

国家レベルでは、２０１９年８月に『棚田地域振興法』が成立しました。この法律は「棚田地域の保全」や「地域間交流の促進」を目的としており、国としても棚田の価値を認め積極的に棚田地域を守ろうとしていることが分かります。

江里山地区と棚田の課題

課題について２つのことが分かりました。１つ目は棚田での農業は儲からないということです。棚田は耕作面積が小さいため収穫量も少なく、大型機械が使えず平地の2倍の手間がかかります。農業だけで収益目的の事業は成り立ちにくいのです。２つ目は人口減少と高齢化です。この10年間で人口が30％減り、高齢化率も40％を超えました。新規参入者も10年間で１人もいません。人口減少の一途をたどり後継者がいない状況です。この２つの事から、江里山地区には「活気がない」こと、そして今のままでは「棚田が維持できない」という課題を抽出しました。この２つの課題を解決するために「棚田に関わる人を増やす」ことが必要です。

提言 地域一体型クラブ「たなだ部」

他の地域では棚田に関わる人を増やすために「棚田オーナー制度」を実施しています。都市住民などに棚田のオーナーになってもらい、棚田を保全する方法です。オーナーは年数回、田植と収穫だけの関わりが多く、多くの期間の田畑の保全は地域住民が行っているようです。ボランティアも手助けがある時は良いのですが、単発の関わりが多く持続性が無いという問題があります。江里山地区は労力も人手も足りない状況なので、この２つの方法だけでは効果的ではありません。

そこで、全く別の解決策を考えました。それが地域一体型クラブ「たなだ部」の設立です。「たなだ部」には、3つのポイントがあります。1つ目、地域のクラブとして学校の枠を越えて集まります。2つ目、子供たちが主体的な活動をします。3つ目、地域を巻き込みます。「たなだ部」には、中高生が学校の枠を越えて集まります。そして、活動の場として、耕作放棄地を借り受けます。そこで米作り・料理・加工を通して1次産業と2次産業を学び、作った米や加工品等を販売したり、企業とのコラボも実施。自分たちで考えた企画を実施することにより6次産業や企画・ビジネスを学ぶ場となります。その活動をSNSなどを活用し情報発信します。「たなだ部」とは「子供たちが自ら学び、考え、実践する」場所です。

「たなだ部」の実現可能性について

私たちはステークホルダーの方々に実際に会ってヒアリングやアンケートを行い実現性の検証を行いました。「たなだ部」に必要な人数について、仮に現在120枚ある耕作放棄地を全て耕作するとなった場合、34人必要となりました。実際に小城市内全ての中学校と高校にアンケート調査を実施しました。全部で６校１４６４人に協力をいただきました。その中で「たなだ部への興味」について聞いたところ、「入部したい・興味あり」という回答は５７９人となり、約40％の生徒が前向きな回答をしてくれました。さらに入部したいという回答は39人となりました。先ほどの必要人数34人を上回っています。

　中心となる中高生は集まることが分かりました。しかし、中高生だけでは活動することは困難です。そこで、部活のステークホルダーとなりうる、①中学・高校、②地元農家、③地元協議会、④行政、⑤大学生、⑥ビジネススクール、⑦コラボや商品開発に協力する企業など多くの方々と意見交換を行いました。結果、全てのステークホルダーから、「活動の趣旨について賛同する」と前向きな回答を得ました。上記以外の市民やＮＰＯ等の方々にも「たなだ部」に巻き込まれて欲しいと考えています。「たなだ部」は中高生が中心となって周囲を巻き込んでいき活動の輪を拡げ、地域一体となって活動していきます。

棚田人口の創出

棚田に関わる人を、私たちは「棚田人口」と呼んでいます。何もしなければ、江里山の人口が減少し、耕作地も減少していくことが予測されます。そこで「たなだ部」を作ることで耕作地の減少を防げます。また、「たなだ部員（中高生）」の分の「棚田人口」も増加します。更に、「たなだ部」が巻き込んだ人たちも、棚田人口となり江里山地区に関わる人が増える事で、江里山地区は活性化されていくと考えています。小城市江里山の地域一体型クラブ「たなだ部」は、全国の中山間地域を救うモデルとなるでしょう。

【コミュニケーター】――手島弘貴
【フェロー】――濵野昌志、吉川靖彦、轟政貴
【メンバー】――吉田真、赤松貴子、岡田学、加来太一、川添剛、本田容子

◆

その後、小城市では実際に「たなだ部」が設立されて、２０２１年度より正式に活動を開始しています。具体的には、２０２１年２月に江里山「たなだ部」推進協議会を発足。

同年度より中学校2校、高校3校からたなだ部への加入があり、学校の垣根を越えた活動を開始しました。正式部員数は16名で、他に体験部員が毎回数名参加。サツマイモ、落花生、玉ねぎの定植・収穫、地域との交流としてコンニャクづくりの手伝い、江里山蕎麦の会との蕎麦打ち体験、羊羹づくり体験などを行いました。２０２２年には26名の中高生が入部。収穫したサツマイモと落花生を使い、スイートポテトやサツマイモチップス、ピーナッツバターの調理にも挑戦しました。その後も「たなだ部」は活動の幅を広げています。今後の展望としては、たなだ部の学生のアイデアを実現し、部を卒業した学生も関われる機会を作っていきたいと考えているそうです。

なお、江里山地区は２０２１年度に農林水産省から「つなぐ棚田遺産〜ふるさとの誇りを未来へ〜」に認定されました。

小城市チームに、スクールのことを振り返ってもらいました。コミュニケーターの手島弘貴さんは、講座前半の講師の選び方に特に感銘を受けたといいます。「はじめは九州創生をリードする村岡浩司さんから、九州はひとつであり、小さな括りではなく大きな視点で物事を見るという話がありました。次に国連ハビタットの星野幸代さんからグローバルと持続可能な政策の話、最後には木藤亮太さんから油津商店街活性化などピンポイントな視点の話。どのレベルにピントを合わせるかの重要性やポイント、地域施策をデザインするための基礎知識を学びました。その上でグループワークに入ったので、各チームいい政策提言につながったのだと思います」。また、市の職員として「小城市チームのメンバーが寝ても覚めても江里山のことを考えているという話を聞き、とてもうれしかった。『いとしの江里山』という歌を録音して送ってもらったことも、とても印象に残っています。チームメンバーとは半年で46回の話し合いを行い、30回ほどお酒を飲んだでしょうか。本当にいい思い出です」と笑顔で語りました。

チューターの濵野昌志さんは、２０１３年に自身がスクールを受講し、２０１６年に修了生が受講生チームを伴走・支援する体制が始まると、その役を担うようになりました。「年齢も職もバラバラで初対面の受講生が集うチームの伴走・支援は、難しい役だと思います。政策検討主体は受講生である中、その主体性を尊重しつつ、グループワークの行き詰まりやメンバー間の関係性などを察知し、そのときどきに応じた必要なサポートを自身で考え判断し行います。ひと言で表すと『一人ひとりの個性を活かせる居場所づくりのファシリテーター』を務めていると考えています。ダイバーシティやインクルージョンが重要視される地域社会にあっても、こうしたフェローを担える人材は価値ある存在だと感じています」。濱野さんにとってのスクールは「情熱大陸」であり「サードプレイス」と表現してくれました。

受講生の赤松貴子さんは、小城市議会議員になり、地域のことを学ぶ必要性を感じていた際、地デザのことを知って受講を決めました。「子どもが4人いて、仕事と家庭のことだけで普段からハードでしたが、そこにスクールが加わり、後半は特に福岡で集まる機会が多かったので、家庭と職場の協力や理解を得ながら続けることができました。政策提言のときのチームの発表、わざわざ応援に駆けつけてくださった地域の方々。政策を学ばせていただき、熱量を持ったチームの方々に恵まれ、受講したことで関わる政策がどうやったらいい方向に行くかを考え、おつなぎし、政策に横串を刺していけるようになった自分がいます」。そして地元の議員だからこその感想も。「小城市に縁もゆかりもない方々が小城市のことを真剣に考え、何度も足を運んでくださり、政策提言までいく過程、修了後もずっと関わってくださるチームとフェローがいてくださって、感謝しかありません。今でも思い出すとジーンときます」。

時代に合わないルールをアップデートする

２０１７年、あるレポートが注目を浴びました。タイトルは「不安な個人、立ちすくむ国家～モデル無き時代をどう前向きに生き抜くか～」。産業構造審議会総会の配布資料として公開された、「経済産業省次官・若手プロジェクト」の一環として作られたものです。次官・若手プロジェクトとは、国内外の社会構造の変化を把握するとともに、中長期的な政策の軸となる考え方を検討し、世の中に広く問いかけることを目指すプロジェクトで、経済産業省内部で本プロジェクトに参画する人を公募し、20代、30代の若手30人で構成されました。本レポートが発表されて瞬く間に１５０万回ダウンロードされたそうです。「液状化する社会と不安な個人」、「政府は個人の人生の選択を支えられているか」という視点で様々な検討がなされています。

そして、「我々はどうすれば良いのか」について、過去の仕組みに引きずられた既得権や固定観念が改革を阻んでいる、大胆な改革は困難と思い込み、誰もが本質的な課題から逃げているのではないか、従来の延長線上で個別制度を少しずつ手直しするのではなく、社会の仕組みを新しい価値観に基づいて抜本的に組み替える時期に来ているのではないかと提示した上で、時代遅れの制度を変える様々な抜本的な提案は既に出て来ていて、これからは具体策を決断し、それを実施する段階であると述べています。

これを受け、①「一律に年齢で高齢者＝弱者とみなす社会保障をやめ、働ける限り貢献する社会へ」、②「子どもや教育への投資を財政における最優先課題に」、③「公の課題を全て官が担うのではなく、意欲と能力ある個人が担い手に」、の３つの方向性が示されました。

③では、いつからか、「公は官が担うもの」という思い込みにより、官業が肥大し財政負担が増え続けるとともに、公について個人や地域の多様なニーズに応えられなくなってきているとし、公の課題こそ、多くの個人が生きがい、やりがいを感じられる仕事であり、潜在的な担い手は大勢いるはずなので、意欲と能力ある個人が公の担い手になれないかと提案しています。レポートではその手段として、「ソーシャル・インパクト・ボンド（ＳＩＢ）」や「地域通貨（イノバック）」、「ローカル・マネージメント法人」、「フューチャーセンター」を例に挙げています。

ここで、それぞれを簡単に解説すると、ソーシャル・インパクト・ボンド（ＳＩＢ）は、イギリスで始まった官民連携による社会課題解決のためのインパクト投資スキームで

時代遅れの制度を変える様々な抜本的提案は既に出てきている。
これからは具体策を決断し、それを実現する段階。

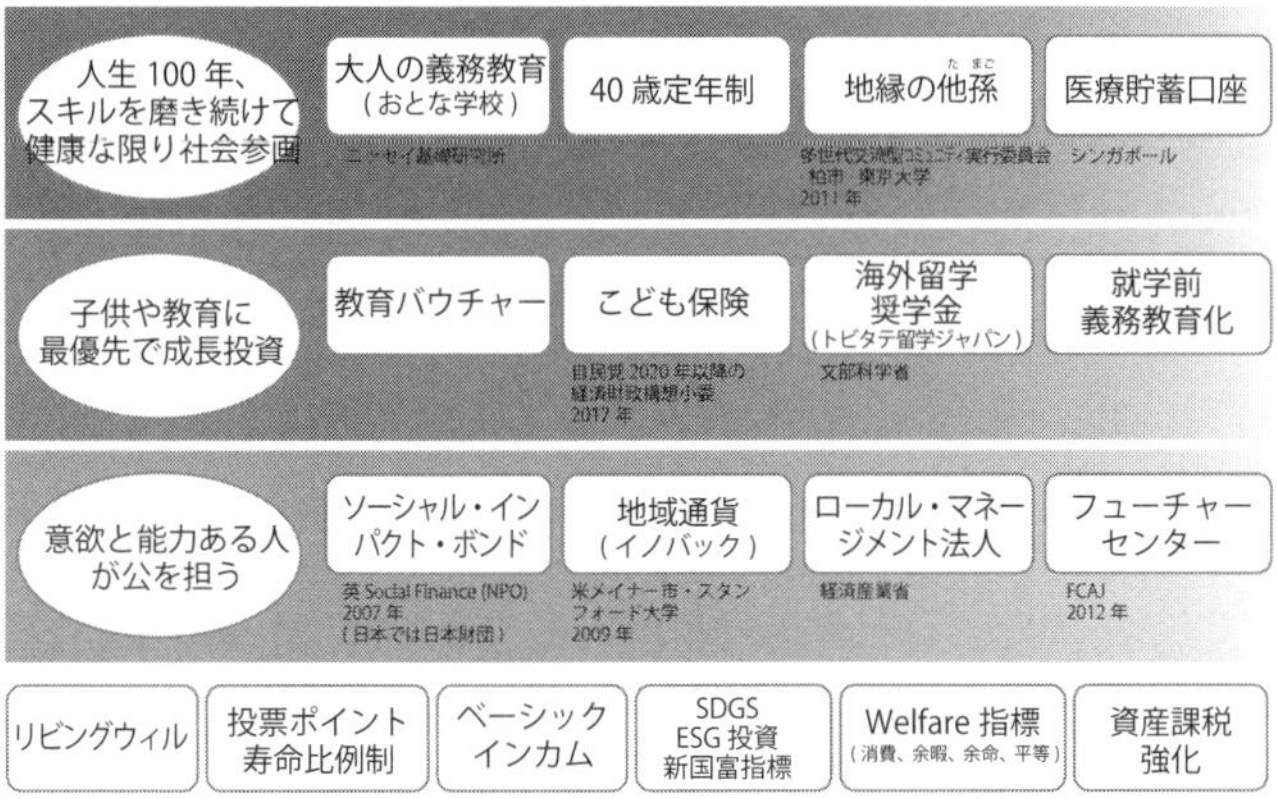

出所：経済産業省次官・若手プロジェクト

あり、地域通貨（イノバック）は、アメリカのテキサス州メイナー市で生まれた、市内の問題に対する解決策を提案した市民がイノバックと呼ばれる仮想の通貨で返礼を受ける市民参画のスキームであり、ローカル・マネージメント法人は、経済産業省が「日本の『稼ぐ力』創出研究会」でドイツのシュタットベルケを参考に検討した、住民生活を支える営利・非営利の事業を総合的に担う新たな法人格であり、フューチャーセンターは、先述のＦＣＡＪが提唱している、１社では解決できない複雑な問題や、中長期にわたる社会課

出所：http://apolitical.co/list/en/agile50-list

題などに対し、産学官民の垣根を越えた未来の関係者が集まり仮説を作る場です。ここでは、まさに多様な個人や組織が公の担い手になるための手段を例で示したわけです。

また、２０２１年10月、私は世界経済フォーラムと国際官民連携ネットワークにより、公共部門においてイノベーションを推進し、世界からガバナンスに変革を起こしているリーダーとして、Agile50「破壊的変革を導く世界で最も影響力のある50人（The World's50 Most Influential People Navigating Disruption）」に選出されました（日本からは2名選出）。Agile50は、硬直した官僚主義から脱却し、パブリックセクターのプロセス改善や新たなルールづくりに向けて「アジャイル（機動的）」な手法を活用している政治家、公務員、起業家、アントレプレナーによるベストプラクティスを社会に広く共有し、学ぶことを目的にしています。

Agile50 の選考基準として、①未来志向：最新テクノロジー・トレンドを積極的に学び、取り入れているか、②結果重視：共通の政策ゴール実現を目指した事業者を支援しているか、③実験環境の提供：市民の安全を担保しつつ、イノベーションを促進するための実験環境を事業者に提供しているか、④迅速な対応：テクノロジーを活用してリアルタイムデータを取得するなど、変化に対する機微な対応をしているか、⑤事業者主導：イノベーションの社会への影響に対して事業者主体でガバナンスできるよう支援しているか、⑥連携体制：組織の垣根を越えて、一体となった政府対応を実現しているか、⑦国家行政と地方行政：地域間を跨る政策の一貫性を確保しているか、⑧国際性：グローバルな視野をもって国際的なアクションを推進し、貿易障壁を削減しているか、⑨イノベーター視点：現在のシステムや要件が、将来のプレイヤーでなく既存プレイヤーに合わせて設計されていることを認識しているか、⑩市民中心：ガバナンスの設計と運用の各段階で市民視点を確実に取り入れているか、の10の基準が示されています。

Agile50の発表は、社会構造の変革を目指す「人」の貢献に光を当て、その経験をグローバルに共有する狙いがあると伺いました。私については、「これまで、政府、民間企業、大学、市民などのパートナーと連携し、社会課題の解決につながる事業の立ち上げや政策の実施に取り組むとともに、産学官民連携のシンク&ドゥタンクを運営し、地域経済主体の対応力強化や経済変化に対応した機動的な政策提言や規制改革等を推進してきた」として、「コラボレーター（collaborators）」に選出されました。

これらの例は、これまで「公は官が担うもの」とされてきた領域に、多様な個人や組織が担い手として役割を果たすことができる可能性が出て来ていることを示しています。第1章でお話しした産学官民連携による政策の社会への実装などもその例でしょう。

社会的変革を担う人材

「政策」は共感・共鳴が得られること、目的に対し、手段が明確であること、効果の実感とともに、検証可能であることが求められ、社会が直面する問題を踏まえ、課題を明らかにした上で斬新かつ到達可能な展望を政策的仮説とし、実例・分析等で裏打ちされた提案を効果と負担、具体的で実施可能な検証を行うことが期待されています。

ここで言う「政策デザイン」とは、政策分析を踏まえ、公共政策の候補となりうるような政策案（政策目的と処方箋のある特定の組み合わせ）を探究・定式化し、政策過程に発信しようとする研究を指し、「地域政策」とは、「国家政策」や「都市政策」の対象とならない、あるいは中央政府が関与しない「ローカル」な政策分野を意味するものではなく、「地域」を政策が現に動いている「現場」を意味するものとしています。

「地域政策デザイン」は、現場の社会問題と向き合って、現場にある解決の知恵を社会に組み込み、様々な政策分野の課題解決に貢献する制度、サービス提供の仕組み、あるいはそのシステムを設計することと定義し、俯瞰的・中長期的視点から、社会・組織目標を共有し、そのための行程や優先順位、選択肢を設定すること、既存の枠組みを前提とせず、変更の処方箋を作ること、以上を通じ、社会的変革（innovation）を生み出すことを目標としています。受講生からは、これらをスクールで学ぶこと以上に、「仲間とともに主体性を持って地域に向き合った経験」が財産だという声が多く聞かれます。

　本スクールを受講したことによって、その後のキャリアや人生が大きく変わった人がたくさんいます。２０１３年に4期生として受講した倉重良一さんは、そのひとりです。倉重さんがスクールを受講したのは「当時、勤務していたＪＡ福岡中央会に勧められて受けることにしました。それまで特に、地域政策に興味を持っていたわけでもありません」と受け身のきっかけを話します。しかし、受講するうちにどんどんのめり込んでいったそうです。「社会課題を本気で解決しようという同世代の人がたくさんいることに衝撃を受けました。新たな知識や出会いに大いに刺激を受けて、非常に素晴らしく楽しい経験になりました。そして、自分たちが動くことで、困っている人を助けたり、誰かが幸せになるサポートをしたりできるかもしれないと思えるようになりました」。

その後、２０１６年の福岡県大川市長選に立候補を表明。「市長選に出ないかとお声がけいただいたとき、スクールのワクワク感を思い出して、政策を実装する立場になれることに魅力を感じました。それに、市長になってもし悩んだり困ったりすることがあっても、スクールで知り合った多くの先生や仲間たちに相談できるという安心感も後押しになりました」。倉重さんは見事に当選し、２０１６年に大川市長に就任しました。

倉重さんが市長に就任後、大川市の職員が毎年スクールを受講しています。「私自身、スクールを通じて、『手段は諦めない』姿勢を学びました。どんな課題にぶつかろうとも、諦めなければ必ず解決に向かう手段が見つかるものです。それを実感してほしくて、毎年職員にスクールを受講してもらっています。『地デザ』は私の人生を変えた、かけがえのない存在です」。

第3章

社会を変える「構想」をつくる

Creating Visions to Transform Society

トランスフォーマティブ・イノベーション

本章では、前著『超成長都市「福岡」の秘密 世界が注目するイノベーションの仕組み』の読者からの質問の3つ目「これからの国や地方の形はどうあるべきなのでしょうか」について、取り上げたいと思います。

私が客員教授を務めている、九州大学科学技術イノベーション政策教育研究センターの前センター長の永田晃也教授は、前章の九州大学地域政策デザインスクールにおける受講生の取り組みは「トランスフォーマティブ・イノベーション（社会変革型イノベーション）」の実践であると述べています。トランスフォーマティブ・イノベーションとは、制度、インフラストラクチャー、人間の行動様式などのシステム・レベルの変化をもたらすイノベーションのことで、システム・レベルの変革をもってしなければ対応できない「グランド・チャレンジ（壮大な挑戦）」の課題認識と結びついています。こうした課題は、究極的には一般の市民が行動様式を変えなければ解決できず、市民セクターのローカルな活動を繋いでいくアプローチが取られるとし、受講生の取り組みは、各地域においてトランスフォーマティブ・イノベーションを実現するための新たな政策に関する知識（政策

IIASA報告書「2050年の世界（TWI2050）」[8]における6つの社会変革

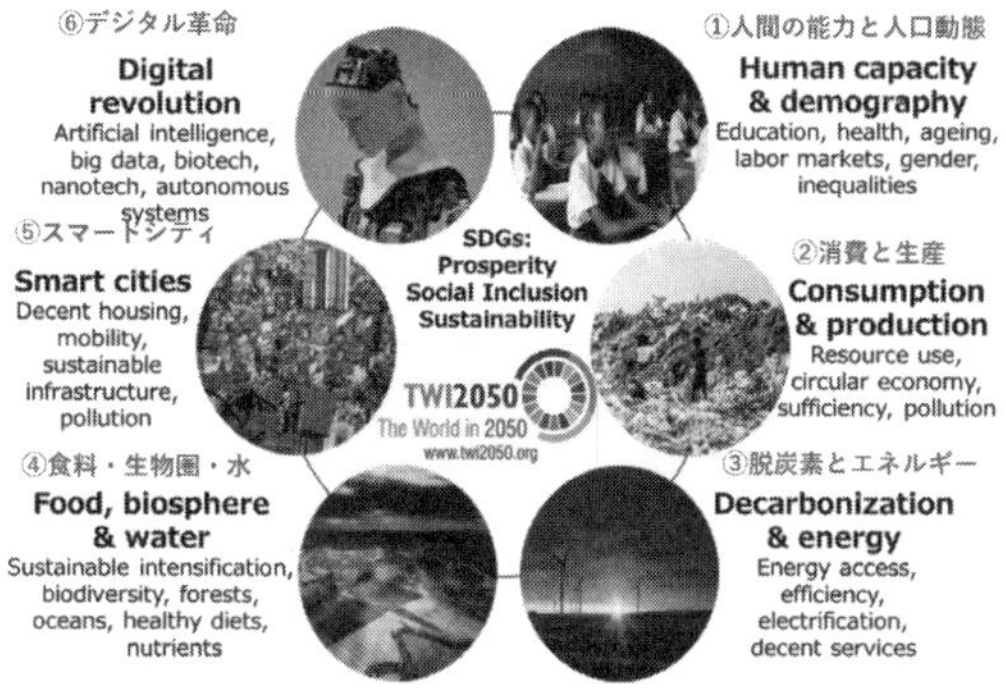

出所：国際応用システム分析研究所

知）を創造してきたとしました。

グランド・チャレンジである地球温暖化や海洋汚染などの地球規模課題への対応、災害や感染症などの危機に対するレジリエントな社会の構築、高齢化社会への対応などの諸課題の解決に向けて社会経済システムそのものの変革が求められている中で、経済的価値だけでなく社会を構成する多様な人々の幸福（Well-being）の実現、イノベーションにおける多様な関係者（ステークホルダー）の活用や資金との連携、多様な価値の創出（共創）につながるようなイノベーションエコシステムの構築が必要となっています。これらを受けて、社会的課題の解決に向けた「社会変革型イノベーション」としてのトランスフォーマティブ・イノベーションの必要性が高まっているとして、具体的な目標（ミッション）の達成に向けて、産学官民が連携するミッション志向型科学技術イノベーション政策の取り組みが各国で進められてきています。

オーストリアのウィーンにある国際応用システム分析研究所（ＩＩＡＳＡ）では、２０５０年の世界を見据え、今から取り組むべき６つの社会変革として、①人間の能力と人口動態、②消費と生産、③脱炭素とエネルギー、④食糧・生物圏・水、⑤スマートシティ、⑥デジタル革命を提言しています。また、国際連合科学諮問委員会は、持続可能な開発に関するグローバルレポート２０１９（ＧＳＤＲ２０１９）において、ＳＤＧｓ達成に向けた社会変革のための６つのエントリーポイントとして、①人間の福祉と能力、②持続可能で公正な経済、③持続化可能な食糧システムと健康的な栄養、④エネルギーの脱炭素化とエネルギーへの普遍的アクセス、⑤都市及び都市周辺部の開発、⑥地球環境コモンズを挙げ、変革を促すための４つの手段として、①ガバナンス、②経済とファイナンス、③個別または共同の行動、④科学と技術を提示しています。

GSDR2019 における SDGs 達成に向けた社会変革と６つの入り口と４つの手段

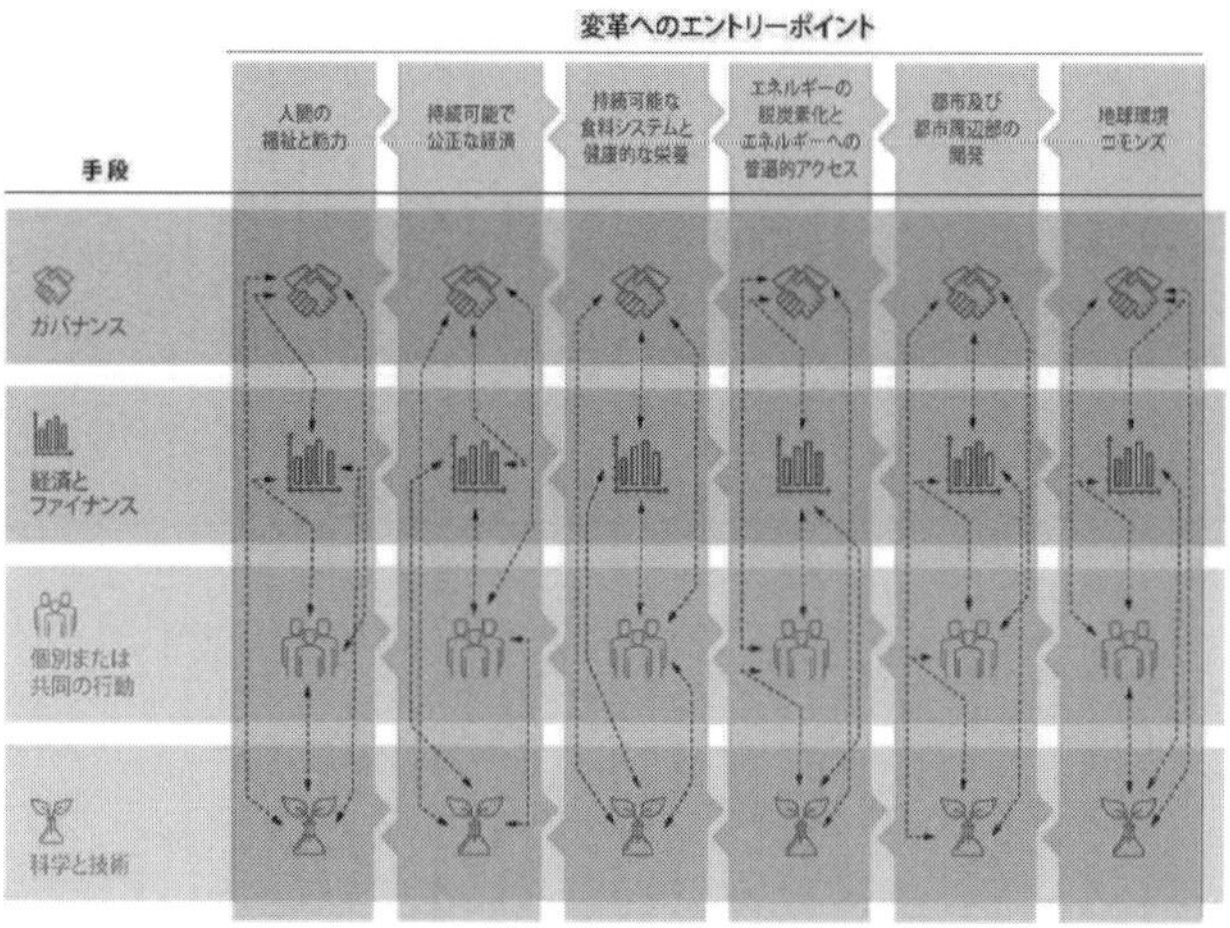

出所：国際連合科学諮問委員会

これらのグランドチャレンジの多くは、特定領域の構成要素の問題というよりも社会経済システム全体のあり方にまで影響する問題であることから、研究開発の成果としての特定領域の科学的知見や技術を重視してきたこれまでのアプローチが引き続き重要な役割を果たす一方で、今後は社会課題解決型の研究開発や社会システムの変革への取り組みが求められます。

　ここで言う「社会システムの変革」は、市場や社会の統治システム、ビジネスモデルなど多岐に渡りますが、科学技術イノベーション政策の視点から、トランスフォーマティブ・イノベーションにおける社会システムの変革を見ると、研究成果の普及や社会実装のための、社会経済システムに関わる様々なステークホルダーとの連携やホール・オブ・ガバメント・アプローチ（中央省庁間の連携や地方との連携など）が志向されています。また、国、都市、地域といった空間的・地理的なスケールをまたぐ必要性や新たな政策手段の活用、デジタルトランスフォーメーションや各種データ・情報を踏まえた事業の実施などを実現するため、国や地方自治体、大学や研究機関といった各種機能の強化を求めています。

グランドチャレンジや社会問題への対応について、地域政策デザインの観点から国や地方全体の問題として考え、社会実装していく視点で見ると、社会システムの変革は中央省庁間の連携や地方との連携のみならず、将来に向けて既存の統治機構や産学官民連携のあり方を抜本的に作り直す必要性も視野に入れるべきだと考えます。もちろん、実現可能性や現実の変革プロセスにしっかりと目を向けるべきですが、常にあるべき姿、それを実現する社会システムを構想することが重要であり、現実との Fit and Gap（フィット＆ギャップ）を常に行いながら、構想の実現に向けた多様な手段を模索していくことが求められます。

例えば、アラブ首長国連邦（ＵＡＥ）は、世界で初めて「可能性省（Ministry of Possibilities）」を設置し、「未来のための新しい政府システム」の構築を目指しています。先述のマリアナ・マッツカート教授は、「国家を見直す」ことを自らの「大きな目標」とし、公的機関、公的部門、公的価値、公共の目的、起業家的国家の概念について考え直す必要がある。そうでないと、現在のように、小さすぎ、遅すぎ、いつも「修理モード」で、息切れしているような国家が出来上がると述べています。

この点、日本はかつてグランドチャレンジにも繋がる社会・経済の構造変化である「グローバル競争・情報化・低炭素社会への対応」、「人口減少・少子高齢化の進展」、「過度の東京一極集中と地域間格差の拡大」を理由とした統治機構改革に取り組んだことがあります。所謂「道州制」の議論です。

統治機構のイノベーション「道州制」

道州制は日本における地方分権の推進と、国・地方を通じた力強く効率的な政府の実現を目指して、全国を10前後のブロック（「道」、「州」など）に再編しようとするものです。日本の社会・経済情勢が変化していく中で、中央集権型行政システムの課題など現行の行政システムの制度疲労が問題視されるようになったのです。

私は経済産業省で働いていた20代の頃、霞が関にこもって、法律や政策を作り続ける日々を経験しました。しかし、政策分野によっては同じ法律で全国をカバーするのは無理がある。日本の地方にはそれぞれの気候風土や紡いできた歴史、文化があり、その地で生活している人たちがいるのに、北海道から沖縄まで同じルールで縛ってしまうのは違うのではないかと思ったものです。国が全国一律で全ての法律や政策を考えることには、限界があります。その際に地域のことは地域の人たちが主体となって意思決定し、動かしていくべきだと痛切に感じました。道州制は中央集権型の統治機構を地方分権型の統治機構に変える、言わば「統治機構のイノベーション」だと感じ、このようなダイナミックな動きが九州からできないかと考えたのです。

また、道州制は「メタガバナンス」の観点からも重要な示唆を与えます。メタガバナンスとは、いわばガバナンスをガバナンスするということで、ガバナンスの主体は民間企業や市民社会になるものの、そうしたガバナンスを可能にするガバナンス体制を作るというメタな役割が政府の役割という考え方です。各地域の自律的なガバナンスを考える上で、

新聞記事等の掲載数からみた、「道州制」議論の盛衰

●「道州制」という単語の入った読売新聞記事数の推移

（出典）2013 年まで：南博 (2014)『関門地域研究』掲載
2014 年以降：南作成

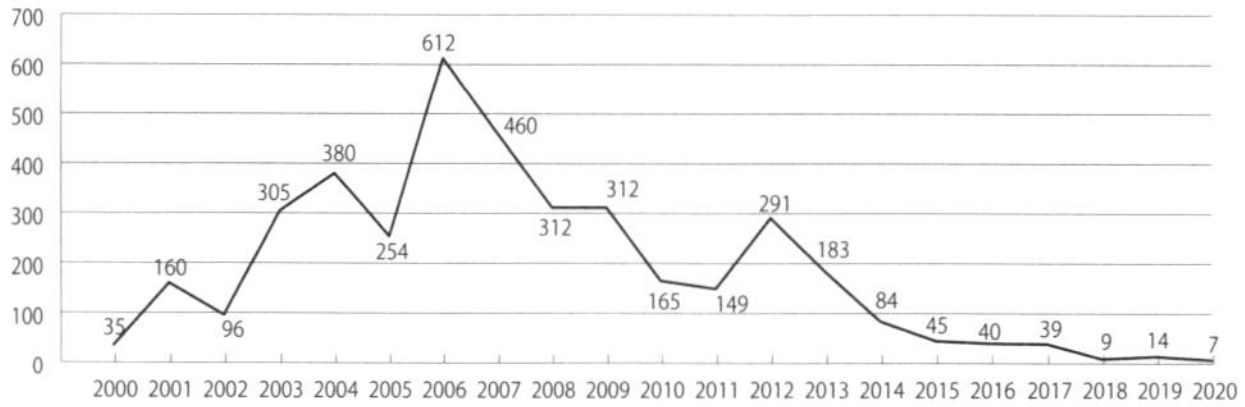

●ピーク：2006 年

●2012 年に再び盛り上がった後、低位で推移。2020 年は年間 7 件のみ。

出所：北九州市立大学南教授作成の表を著者が修正

道州制の議論は国家としてどのようなガバナンスを行うべきかを考える重要な機会なのです。

日本のこれまでの道州制議論の経緯をご紹介します。現在の地方行政制度の基礎となる地方自治制度がスタートした５年後の１９５２年、地方自治を所管する国の行政機関として自治庁が発足し、同時に内閣総理大臣の諮問機関である地方制度調査会が設置されます。国における道州制議論は、この地方制度調査会を中心に行われてきました。１９５３年に町村合併促進法が施行され昭和の大合併が進むなか、第４次地方制度調査会は１９５７年に「地方制度の改

革に関する答申」を提出、府県制を廃止して、全国を7ないし9ブロックに区分し、国と市町村との間の中間団体としての「地方」を設置することを提言します。しかし、「地方」は国の出先機関の性格が強かったため、都道府県から反対論が噴出しました。戦前の中央集権体制へと逆行するものであるという世論の批判も強く、法案提出には至りませんでした。

　１９６０年代の高度経済成長期には、大都市部における水問題や開発ブームなどを背景に、関西地区や東海地区の経済界から、府県の区域を越える広域行政の議論が活発になりました。１９６３年、経済団体が中心になって、大阪・奈良・和歌山の「阪奈和」合併や東海三県（愛知、岐阜、三重）の合併構想が提唱されます。１９６３年には当時の自治大臣が「府県連合構想」を打ち出し、第9次地方制度調査会においても、地方公共団体の連合制度が答申されました。さらに第10次地方制度調査会では１９６５年に「府県合併に関する答申」が提出され、この答申を受けて政府は１９６６年、10年間の時限立法として都道府県合併特例法案を国会に提出しますが、同年12月の衆議院解散で廃案になりました。2度の再提案の後、阪奈和三県や東海三県の合併の機運がなくなると、１９６９年に審議未了で廃案、その後、経済界からの提言は続きましたが、政府による取り組みは具体化しませんでした。

時代は平成へと変わり、道州制論議の口火を切ったのは小泉純一郎首相でした。２０００年に自民党内に「道州制を実現する会」が発足し、２００１年に政府の地方分権推進委員会が今後の改革課題の中で道州制について触れると、「国から地方へ」「地方にできることは地方に」をキャッチフレーズとする小泉内閣によって議論が本格化します。２００４年、小泉首相は第28次地方制度調査会に対して「道州制のあり方」など、地方行財政制度の構造改革を諮問、同調査会は２００６年、小泉首相に「道州制のあり方に関する答申」を提出。「広域自治体改革を通じて国と地方の双方の政府のあり方を再構築し、国の役割を本来果たすべきものに重点化して、内政に関しては広く地方自治体が担うことを基本とする新しい政府像を確立すること」が求められているとし、「その具体策としては道州制の導入が適当と考えられる」と結論づけました。

２００６年9月、小泉首相の後を受けた安倍晋三首相は、わが国初の道州制担当大臣を置き、道州制の導入に向けて意欲を表明します。２００７年には道州制担当大臣の下に「道州制ビジョン懇談会」が発足し、後任の福田康夫首相にも方針が引き継がれましたが、国会内、世論とも道州制導入の機運は高まらないまま、２００９年に政権が交代しました。民主党は基礎自治体への分権を優先する方針であったため、道州制の議論は棚上げにされることになります。

九州における道州制についての最初の提言は、１９７１年、西日本新聞社が21世紀に至る西日本の未来像を描くために組織した「あすの西日本を考える30人委員会政治行政部会」による「九州自治州」構想です。「すべての住民の生活・自治のための権利と、自らの地域を発展させるための政策を、真に地域住民のために取り戻すため」の方策として、①府県制の廃止、②国の出先機関の事務移譲、③自治州の首長、州議会の議員は直接公選制、④州議会は２院制、⑤自治州マネージャーの設置、⑥自治州オンブズマンの導入、などを提言しました。住民や地域民主主義を出発点とした提言であることが特徴です。

その後、大分県の平松守彦知事が「九州府構想」を唱えます。国の出先機関を束ねた「九州府」をつくり、公選の「九州府長官」を置き、そこに中央官庁の権限を移譲、国家予算もブロック別に分け、九州府長官と各県知事が協議のうえ配分を決め、人口比に従って各県から選出された議員による「九州議会」を設置する構想が組み込まれました。

経済界からの提言も相次ぎます。九州経済連合会は２００２年、「21世紀の九州地域戦略」の中で「長期的な観点から道州制を検討する」と明記し、行財政委員会地方制度研究会が２００５年に「地方からの道州制の推進に向けて～九州モデルの検討～」をまとめました。九州経済同友会は２００１年に「21世紀の新しい九州を目指して～九州の一体的発展のグランドデザイン」の中で、「九州自治州」を提言。２００４年には「九州はひとつ委員会」を設立し、２００５年に「九州自治州構想」を発表しています。更に、官民一体となって九州の発展戦略を練るために、九州地方知事会、九州経済連合会、九州商工会議所連合会、九州経済同友会などが設立した「九州地域戦略会議」は、２００５年に道州制検討委員会を設置。２００８年に道州が担うべき政策分野や税財源の仕組みをまとめた道州制の「九州モデル」を発表し、国に実現を求めるとともに、九州各地で講演会やシンポジウムを開催して住民へのＰＲに努めました。この間、２００６年に九州市長会も独自に「九州府構想」をまとめ、都市として道州制に強い意欲を示します。しかし、国の道州制論議が下火になった影響もあり、九州を挙げた導入ムードは高まりませんでした。

民主党政権になって道州制論議は停滞しましたが、政権が自指す国の出先機関改革に合わせて、複数の府県による新たな広域行政組織をめぐる動きが活発になります。２０１０年12月、広域連合制度をベースに、出先機関の事務・権限を地方に移管する「アクション・プラン～出先機関の原則廃止に向けて～」が閣議決定されました。これは、①広域連合制度を活用するための諸課題について検討を行った上で、新たな広域行政制度を整備、②出先機関単位で全ての事務・権限を移譲することを基本、③移譲対象機関の職員の身分取扱い等に係る所要の措置を講ずる。また、移譲される事務・権限の執行に必要な財源を確保、④２０１２年通常国会に法案提出、２０１４年度中の事務・権限の移譲を目指す、という内容です。

　九州地方知事会はアクション・プランの閣議決定に先行して、２０１０年10月に、「九州広域行政機構」構想を打ち上げ、国の出先機関（国で改革が検討されている8府省13系統）の事務・権限・人員・財源等について、「丸ごと」受け入れる決意を表明し、同年12月に発足した関西広域連合と足並みをそろえて、国に出先機関の移管を迫っています。

日本の地方行政制度について

　ここで、これまでの道州制の議論を踏まえ、日本の地方行政制度の変遷や地方自治法上の地方公共団体の役割を整理します。

　明治維新後、権限や財源を中央政府に一元化する中央集権体制を確立するために、

１８７１年８月に廃藩置県が行われました。当初は、全国に３府３０２県が設置されましたが、同年12月に３府72県、１８８８年に３府43県と再編され、１９４３年に東京都が制定されて47都道府県となり、80年経った現在まで同じ区割りが続いています。

一方で、市町村は１８８８年に７万１３１４あったものが、明治大合併で、約５分の１の１万５８５９に、昭和大合併後の１９６１年はその約５分の１の３４７２、さらに平成の大合併を経た２０１２年１月現在１７１９まで減少しており、都道府県と対照的です。九州の市町村においても、こうした合併が進んだことにより、２００９年の５１７から２０１２年１月の２３３へと減少しています。

戦後の地方行政制度は、「地方自治の基本」が日本国憲法第８章で定められました。しかし、機関委任事務に代表される中央集権的な行政・財政制度のため、いわゆる「三割自治」と呼ばれたように、地方公共団体がもつ裁量や権限は、非常に限られたものでした。しかし、時代の流れとともに、地域における個性や多様性が尊重されるようになり、中央集権による国、都道府県、市町村という上下・主従関係そのものを見直す必要性が議論されるようになりました。

これを受け、２０００年に「地方分権の推進を図るための関係法律の整備などに関する

地方分権一括法による事務の変化

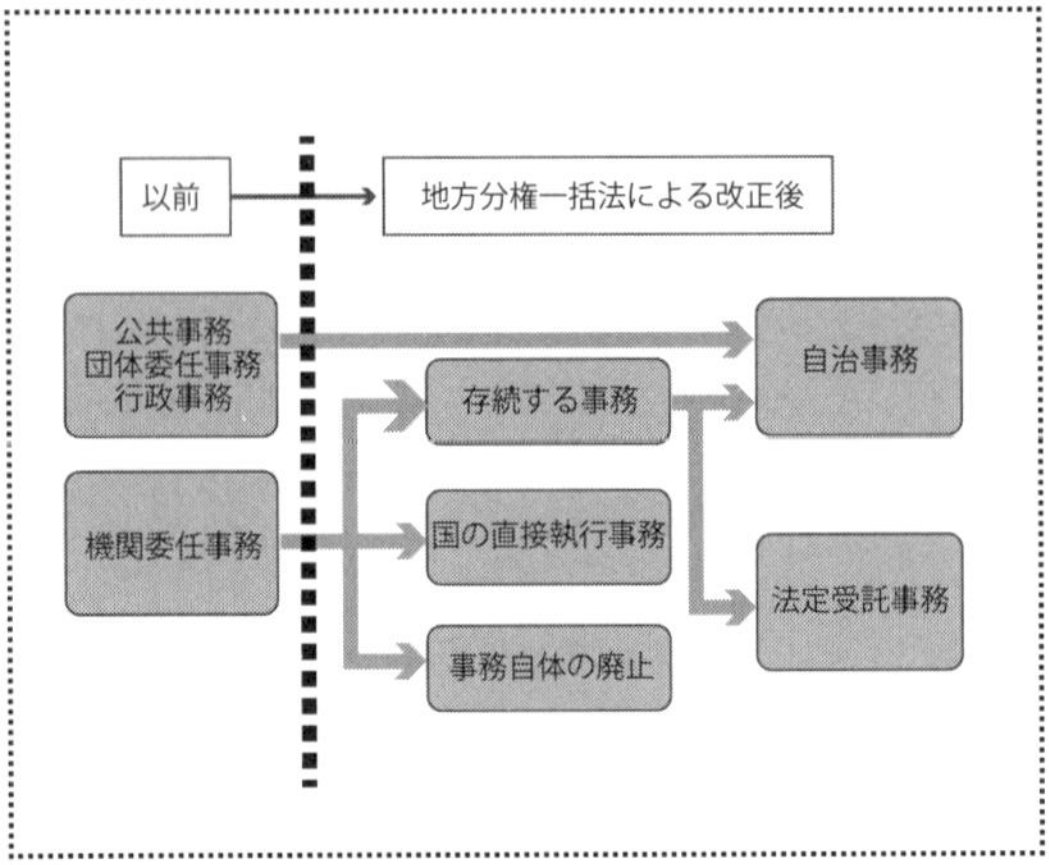

出所：総務省などの資料を参考に作成

法律（以下「地方分権一括法」という）」が制定され、関連する４７５の法律について一部改正または廃止が定められました。この法律が施行されたことにより、中央集権型行政システムの象徴であった機関委任事務が廃止され、機関委任事務は地方自治体の事務である自治事務と、法定受託事務に再編されます。国、都道府県、市町村は対等・協力の関係と位置付けられ、それぞれの役割に関する基本的な原則が地方自治法に定められたことは大きな意義をもたらしました。

　国と地方の役割に関する基本的な原則にあるように、都道府県には「広域事務」「連

国と地方の役割に関する基本的な原則

<table>
<tr><th rowspan="1">国</th><th colspan="2">普通地方公共団体</th></tr>
<tr><td rowspan="3">①国際社会における国家としての基本的事務

②全国的な統一準則を定める事務

③全国的な規模・視点で実施する施策・事業。

④その他国が本来果たすべき役割
【法第１条の２第２項】</td><td colspan="2">①住民の福祉の増進を図ることを基本として、地域における行政を自主的かつ総合的に実施すること【法第１条の２第１項】
②国からの法定受託事務【法第２条第２項】</td></tr>
<tr><th>都道府県</th><th>市町村</th></tr>
<tr><td>①広域にわたるもの（広域事務）
②市町村に関する連絡調整に関するもの（連絡調整事務）
③その規模又は性質において一般の市町村が処理することが適当でないと認められるもの（補完事務）
【法第２条第５項】</td><td>都道府県が処理するものを除く事務
【法第２条第３項】

※ただし、補完事務については、当該市町村の規模及び能力に応じて処理
【法第２条第３項】</td></tr>
</table>

出所：地方自治法を参考に作成

絡調整事務」「（市町村の）補完事務」の３つの役割があります。「広域事務」とは、複数の市町村にわたるものや全県的な区域を対象として行われるものです。例えば、大規模な総合開発計画の策定や主要な統計調査、治山治水事業、電源開発、汚染防止対策などがあります。「連絡調整事務」とは、国や市町村との間の連絡調整、市町村相互間の連絡・連携・調整を意味します。「補完的事務」とは、一般の市町村の財政力や専門的能力を超える事務で、例えば、乳幼児医療制度の財政支援、児童相談所の設置などがあります。このように法律上は、国と地方自治体の役割が明確になり．地方自治体自らの創意や工夫によって地方行政が行える範囲は拡大しました。

しかし、財源の移譲は遅々として進まず、国庫補助負担金、特に国が使途を細かく規定した補助金制度によって、地方行政に対する国の関与は強く残ったままになっています。国と都道府県、市町村の役割分担にもあいまいで「二重行政」の課題も解決されていないとの指摘もあります。

九州における広域行政の検討

２０００年を一大転換点とする地方分権改革は、各地域に大きな影響を与え、一定の効果をもたらしましたが、権限、財源、各行政組織のあり方など、未だに様々な論点があります。道州制の議論についても現在は下火の状況ですが、先に述べたように時代の大きな変革期です。現代は、フルセット主義や集権的運用では、世の中の変化にいち早くかつ柔軟に対応していくことが難しいのではないかという認識を年々強くして来ています。

このような中で、私たちは現行の広域行政の取り組みをさらに進化させ、政策をより効果的に実現するには、道州制を待たずして、実効性のある広域行政組織を構想して行く必要があると考えます。そこで、以前、前章の九州大学地域政策デザインスクールにて有志と共に取りまとめた、「モデレート（＝穏やかな、極端に走らない）な『九州府』」についての提言の一部をご紹介したいと思います。

提言では、関西における広域行政の展開と国の地方支分部局（出先機関）の権限移譲を実現すべく２０１０年に設立された「関西広域連合」、九州地方知事会が国の出先機関の事務・権限・人員・財源等を受け入れるべく設立を目指した「九州広域行政機構」についてケーススタディを行い、九州における広域行政のあり方を検討します。

関西広域連合とは、地方自治法第２８４条、第２８５条の2、第２９１条の2から第２９１条の13を根拠法令とする広域連合であり、都道府県レベルでは、全国で初めて設置されました。一般に「広域連合制度」はまだなじみが薄いため、制度を説明した後、関西広域連合について紹介、分析を行います。

広域連合は、地方公共団体が広域にわたり処理することが適当であると認められる事務を処理するために設けることができる「特別地方公共団体」です。この広域連合を設置した場合、国から直接に権限等の移譲を受けることができるとともに、直接請求が認められ、広域連合において共同処理するとされた事務は、関係地方公共団体の権限から除外され、広域連合に引き継がれます（広域連合内の関係地方公共団体について、その執行機関の権限に属する事項がなくなったときには、その執行機関は消滅する。）。また、広域連合の長と議員は、所謂充て職は認められず、選挙により選出されることになります。広域連合の設置のプロセスとしては、構成する都道府県における協議により規約を定め、構成団体の議会の議決ののち、総務大臣に許可を申請し（総務大臣は許可した場合には直ちに告示。）、広域連合設置後は速やかに「広域計画」を作成することとなっています。

関西では、府県・政令指定都市と経済団体の参加によって2003年7月に設立された「関西分権改革委員会」から本格的な分権改革の取り組みをスタートした後「関西分権改革推進委員会」、「関西分権改革推進協議会」と段階的に発展してきました。2007年7月には関西の府県、政令指定都市及び経済団体によって「関西広域機構」を設立しま

広域連合の制度概要

①　根拠法令

地方自治法第 284 条、第 285 条の 2、
第 291 条の 2～第 291 の 13

④　設置数

117(構成団体 : 延べ 2,375 団体)
※R5.7.1 現在

②　制度の概要

広域連合は、地方公共団体が広域にわたり処理することが適当な事務に関し、広域計画を作成し、必要な連絡調整を図り、及び事務の一部を広域にわたり総合的かつ計画的に処理するために、協議により規約を定め、構成団体の議会の議決を経て、都道府県が加入するものにあっては総務大臣、その他のものにあっては都道府県知事の許可を得て設ける特別地方公共団体である。

一部事務組合と比較し、国、都道府県等から直接に権権限等の移譲を受けることができることや、直接請求が認められているなどの違いがある。

広域連合が成立すると、共同処理するとされた事務は、関係地方公共団体の権能から除外され、広域連合に引き継がれる。広域連合内の関係地方公共団体につき、その執行機関の権限に属する事項がなくなったときには、その執行機関は消滅する。

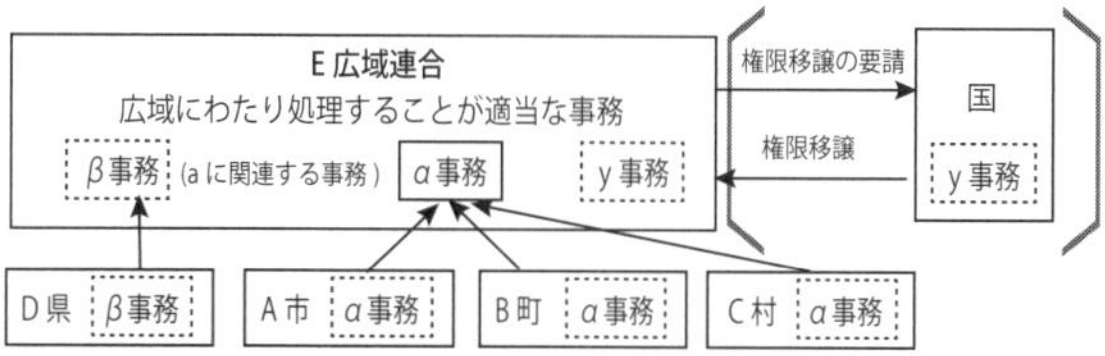

③　財源

①負担金 ②手数料 ③その他 (地方債など)
※税による収入はなし。交付税は、構成団体に対して交付。

出所：総務省ホームページ

広域連合の設置プロセス

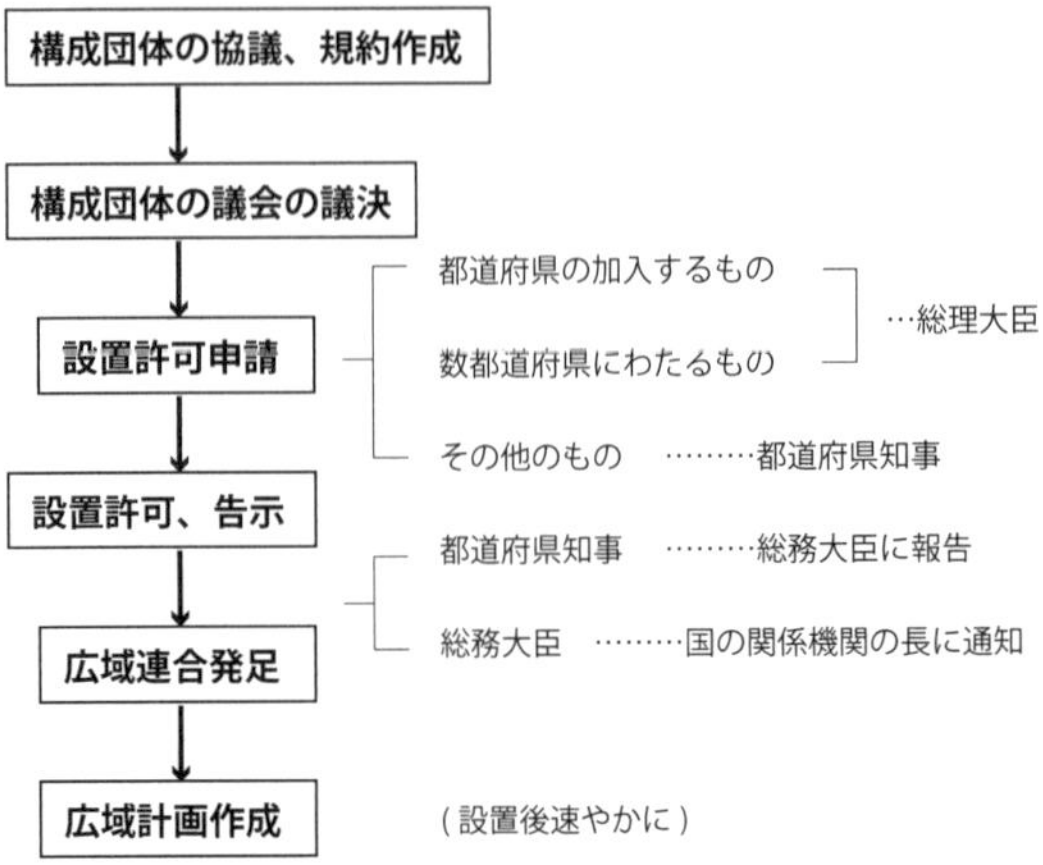

出所：総務省ホームページ

した。関西における政策立案・提言機能を強化、地方分権改革を先導する地域モデルを構築するための広域行政組織の検討を加速させることを目的とし、関西広域機構に設置された分権改革推進本部において本格的な広域連合の検討を進めました。その結果、２０１２年12月に都道府県レベルでは初めての広域連合である「関西広域連合」が誕生しました。設立当初参加したのは大阪府、京都府、兵庫県、滋賀県、和歌山県、島取県、徳島県の７府県で、関西広域連合の組織は「広域連合委員会」、「広域連合議会」、「広域連合協議会」の３つの主たる機関から構成されています。

広域連合委員会は、執行機関として、広域連合の運営方針を決めます。委員会を構成する委員は7府県の知事で、広域連合が担う7分野の政策ごとに「担当委員」を置き、執行責任を負うこととしています。広域連合議会は、議決機関として一般の自治体議会と同様の権限を有しており、地方自治法で定められた条例の制定改廃、予算の議決、決算の認定等の議決、選挙（議長、選挙管理委員会委員等）、検査・監査の請求、意見書の提出等の役割を持ちます。広域連合協議会は、民間団体や住民の意見を広域連合の運営に反映させるために設置され、経済団体役員、大学教授、市町村の首長、一般公募で選ばれた住民など55人で構成し、広域連合の計画や実施事業などについて、意見を聴取しています。専門的見地から調査・検討を行う必要がある場合には、外部の有識者等で構成する専門部会を設置することが可能となっています。

関西広域連合が実施する広域事務は、地方自治法第２９１条の7第1項の規定に基づき作成する「広域計画」において策定されており、その分野は「広域防災」「広域観光・文化振興」「広域産業振興」「広域医療」「広域環境保全」「資格試験・免許等」「その他広

関西広域連合組織

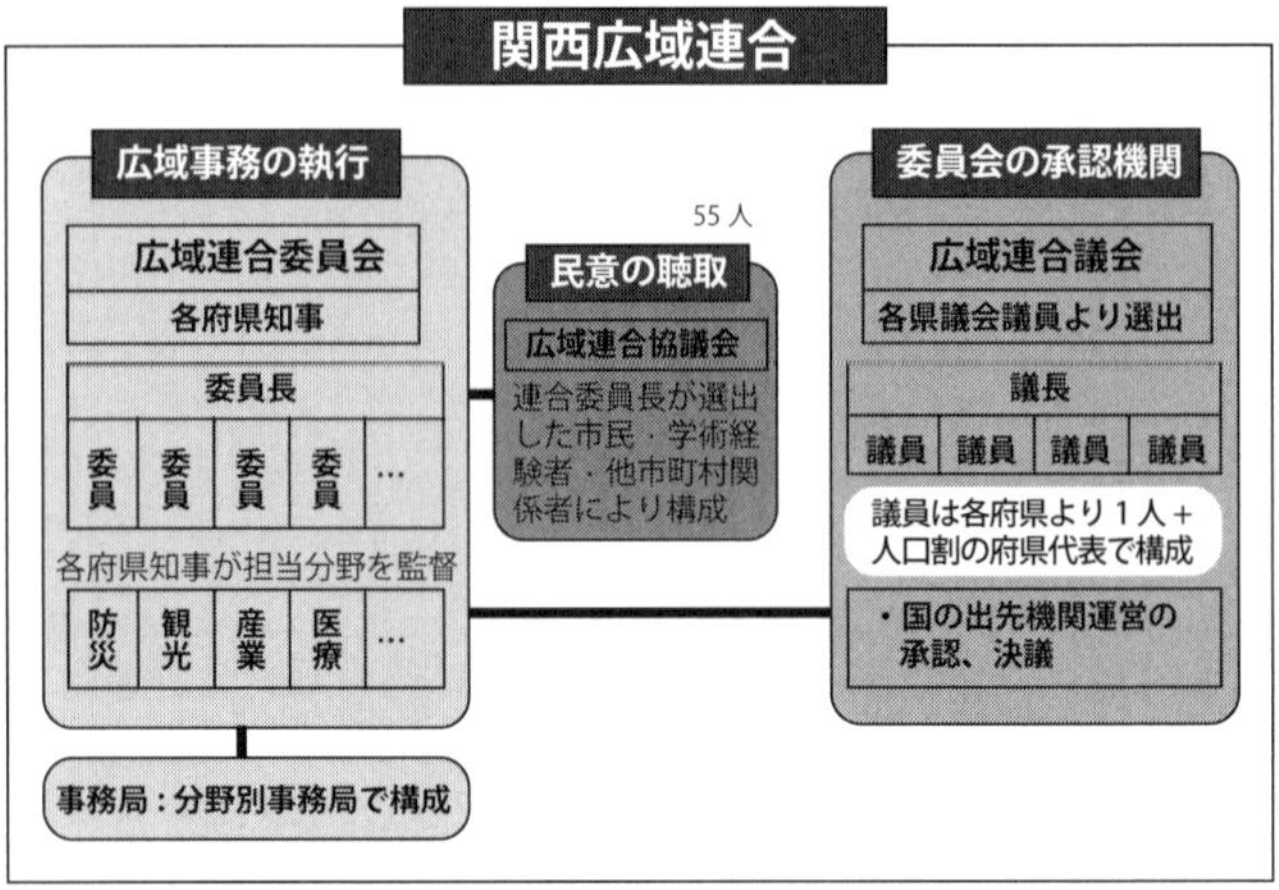

出所：関西広域連合ホームページを参考に作成

域にわたる行政の推進と地域の振興」の7つでスタートしましたが、順次必要な分野を拡充していくこととしています。また、国の出先機関からの事務権限の移譲を目指しており、関西広域連合として検討・国に要請していくため、2010年12月に「国出先機関対策委員会」を設置し、政府の地域主権戦略会議で国の出先機関を「丸ごと」受けることを提案するとともに、国との協議を進めました。「丸ごと」移管に関しては九州地方知事会と連携し、「近畿経済産業局（経済産業省）」「近畿地方整備局（国土交通省）」「近畿地方環境事務所（環境省）」の3機関の先行移管を国に求め、関西広域連合は国の出先機関の移管を想定した新たな組織案を検討、近畿経済産業局を「広域産業振興局」、近畿地方整備局を「広域インフラ整備局」、近畿地方環境事務所を「広域環境局」にそれぞれ統合し、契約や入札、人事案の一元化を目指しました。

関西広域連合における最初の具体的な府県連携事業として注目されたのが、２０１１年3月11日に発生した東日本大震災での被災地支援です。７府県が支援する被災県を分担する「カウンターパート方式」で現地連絡事務所を開設し、被災者のニーズを把握して迅速に対応しました。更に、復旧段階ごとに支援可能策を提示するなど、継続的に被災地の復興を後押しし、大きな成果を挙げ、関西広域連合の存在と機能を広く知らしめるきっかけになりました。

一方で、関西広域連合の今後を考えていく上では課題もあります。１つ目は構成府県の問題です。当初、関西地域の一角を占める奈良県が参加せず、連携団体（オブザーバー）にとどまっており、特に関西観光において存在感の大きい奈良県の不参加は、関西広域連合における広域観光政策にとっては大きな痛手と考えられていました。奈良県側でも、２０１１年8月に台風12号がもたらした甚大な被害を受け、災害時の広域支援体制という観点で、関西広域連合への不参加が及ぼした影響が議論されており、その後、２０２４年４月に奈良県も関西広域連合への全部参加を果たしました。また、国の出先機関からの事務移譲にあたって、関西の出先機関が所管する府県と関西広域連合の構成府県が異なる点は、国でも議論の対象になっており、関西の出先機関が所管していない徳島県や鳥取県の扱いも課題です。２つ目は財源です。現在の広域連合制度では、財源は参加自治体の負担金で賄うことになっており、関西広域連合の構成県が負担金を拠出しています。３つ目は民意をどのように反映するかです。広域連合制度では、広域連合長と広域連合議会議員を住民の選挙によって選ぶことができるとされていますが、関西広域連合は構成県知事の互選により広域連合長を選出し、広域連合議会議員も構成県議会の中から選出することとなっています。このため、関西広域連合の意思決定の過程で、住民の意思がどう反映されるかが不明確です。４つ目に利害調整の難しさがあります。これまでに市町村が設置した広域連合では、参加市町村間の利害調整が難しく、それが意思決定の遅れや民意の反映、行政効率に悪影響を及ぼしていると言われることがあります。広域連合の長と議員は、参加市町村の長と議員を兼ねており、出身市町村の利益を代弁する役割を担っていることは否めず、関西広域連合でも同様で、市町村の広域連合と同じ問題が発生しうると考えられます。

広域連合の運営上の重要事項に関する基本方針や処理方針を決定する広域連合委員会は、全会一致を原則としていることから、案件によっては迅速な意思決定を行うことが難しいことが考えられ、この点に関し、国は出先機関の地方移管に際し、緊急時の迅速な意思決定に懸念を表明しています。

これを受け関西広域連合は、国の出先機関の移管後の組織強化に併せ、広域連合委員会で多数決を採用して迅速な意思決定や利害調整を図るとともに、専従ではない委員（知事）に代わって、連合長を補佐する「事務総長」を置く方針を決め、国に地方自治法の改正を求めることとした経緯があります。今後、関西広域連合が権限を拡大し、構成自治体の利害が対立する場合の意見の相違をどのように調整するかは、九州にとっても大いに参考になると思います。

ここで、２０１０年５月に当時の佐賀県古川康知事が提案した九州７県による「九州広域連合」案を紹介しておきたいと思います。九州地方知事会はこの案を採用せず、広域連合とは異なる「九州広域行政機構」の設立を目指しましたが、関西広域連合と同様に広域行政の拡充と、国の出先機関の事務権限を受ける組織として提案されており、「九州府」

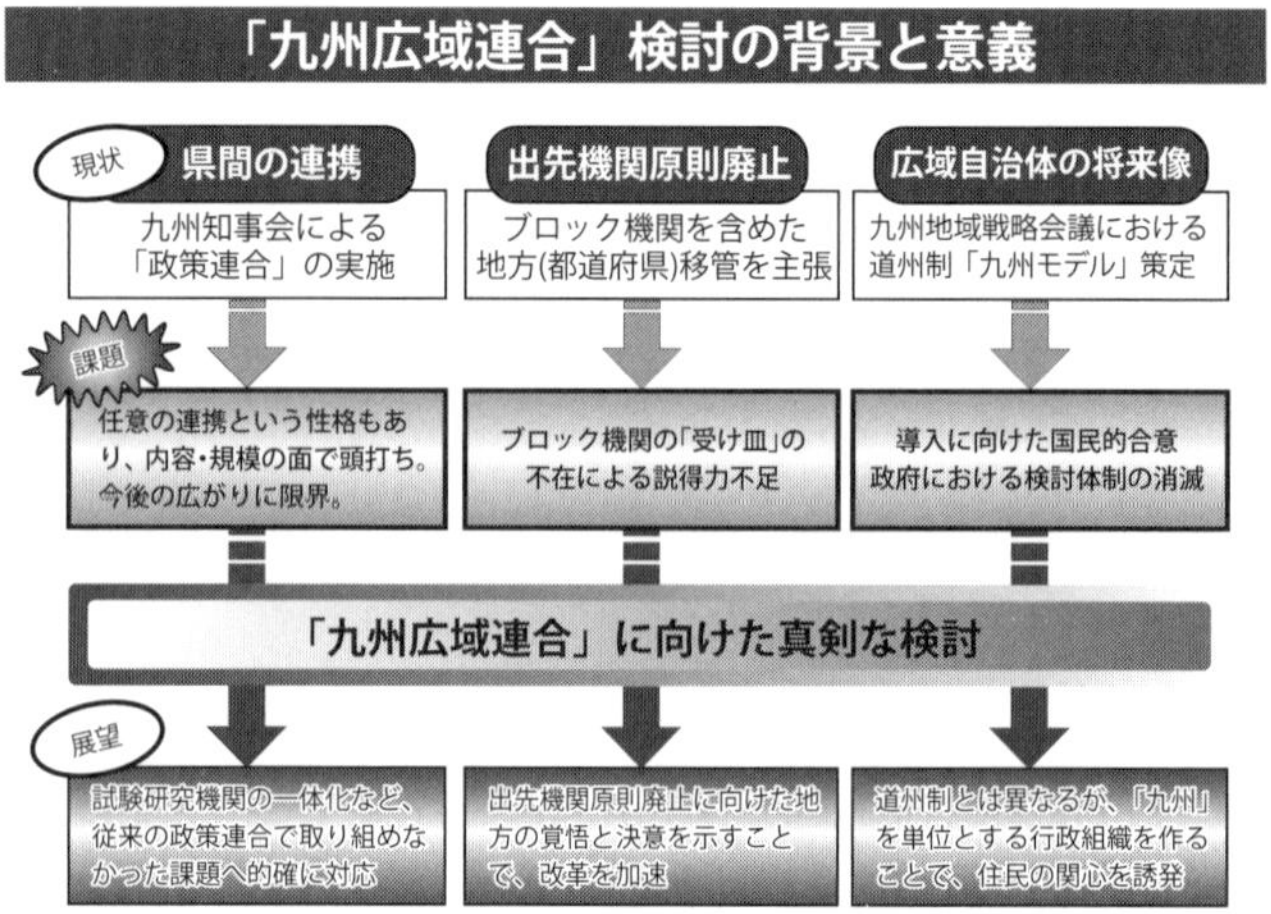
「九州広域連合」検討の背景と意義
現状
県間の連携
九州知事会による
「政策連合」の実施
出先機関原則廃止
ブロック機関を含めた
地方(都道府県)移管を主張
広域自治体の将来像
九州地域戦略会議における
道州制「九州モデル」策定
課題
任意の連携という性格もあり、内容・規模の面で頭打ち。今後の広がりに限界。
ブロック機関の「受け皿」の
不在による説得力不足
導入に向けた国民的合意
政府における検討体制の消滅
「九州広域連合」に向けた真剣な検討
展望
試験研究機関の一体化など、従来の政策連合で取り組めなかった課題へ的確に対応
出先機関原則廃止に向けた地方の覚悟と決意を示すことで、改革を加速
道州制とは異なるが、「九州」を単位とする行政組織を作ることで、住民の関心を誘発

出所：佐賀県の発表資料から抜粋

を検討する上で参考になると考えられます。九州広域連合は、国の出先機関から権限を受け入れるとともに、県で受け入れることが可能な機関（ハローワーク等）、事務は県に移管し、県の役割を拡大することを想定しています。九州広域連合も関西広域連合と同じ制度を前提としていることから、関西広域連合と同様の課題が生じることが想定されます。

次に、九州広域行政機構のケースを見てみます。九州広域行政機構は、九州地方知事会が国の出先機関（8府省13系統）の事務・権限・職員・財源を「丸ごと」受け入れるために設立を目指す広域行政組織で、

福岡、佐賀、長崎、熊本、大分、宮崎、鹿児島の7県で構成する想定です。九州地方知事会は、２０１０年12月28日に閣議決定されたアクション・プランに沿った出先機関の移管を実現するため、関西広域連合と連携し、２０１１年5月に「九州経済産業局（経済産業省）」「九州地方整備局（国土交通省）」「九州地方環境事務所（環境省）」について、ほかのブロックに先駆けて国と協議を進めました。九州広域行政機構の組織は、現行の広域連合制度とは異なることから、政府に対して新たな立法を求めました。

九州広域行政機構は、九州を包括する広域行政を担うとしているものの、関西広域連合のように「広域観光」「広域防災」など構成府県で連携して進める事務を計画しておらず、あくまで国の出先機関が担う事務だけを引き継ぐことにしています。また、九州広域連合構想のように、国の出先機関のうち県で受け入れることができる機関・事務は、県に移すことを想定しています。九州広域行政機構の組織には、執行機関の「知事連合会議」と議事機関の「議会代表者会議」があり、知事連合会議は7県知事が務める委員長と委員で構成し、合議で意思決定を行います。各委員（知事）は、国から移管された出先機関の事務を分担して管理します（経済産業局担当、地方整備局担当など）。議会代表者会議は、７県議会の議員から選出し、条例の制定や予算決定、決算の認定などを行うこととし

九州広域行政機構で受け入れる国の出先機関事務のイメージ

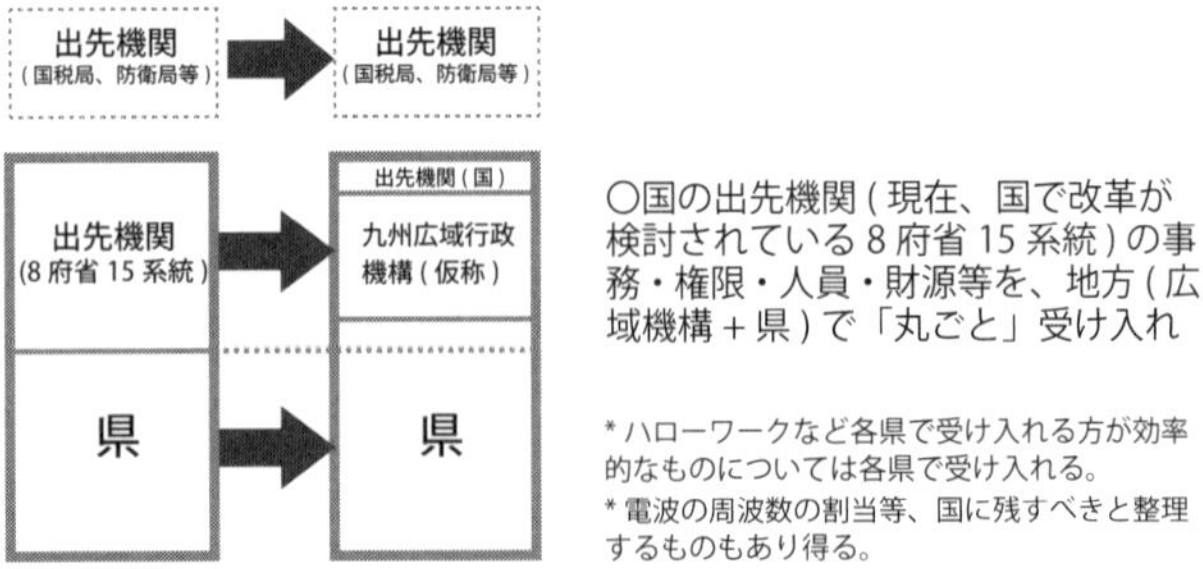
出先機関
(国税局、防衛局等)
出先機関
(国税局、防衛局等)
出先機関
(8府省15系統)
出先機関(国)
九州広域行政機構(仮称)
県
県
○国の出先機関(現在、国で改革が検討されている8府省15系統)の事務・権限・人員・財源等を、地方(広域機構＋県)で「丸ごと」受け入れ
*ハローワークなど各県で受け入れる方が効率的なものについては各県で受け入れる。
*電波の周波数の割当等、国に残すべきと整理するものもあり得る。

注)上記「8府省15系統」は、その後「8府省13系統」とされたため、本文中では「8府省13系統」と記載

出所：九州地方知事会発表資料

ていますが、定数や選出方法は決まっていません。九州広域行政機構の財源は、現在の国の出先機関の予算規模と同等額を国から受けることを想定しており、住民自治を機能させるための直接請求制度、財政運営の透明性を高めるための包括外部監査制度を導入する方針です。

　九州広域行政機構の構想は現時点で実現しておらず、具体像は未だ確定していませんが、明らかになっている情報をもとに検証をしてみると4つの課題が挙げられ、そのうちの3つは関西広域連合の課題と一致します。

　1つ目の課題は、国との関係です。九州地方知事会は国の出先機関の移管にあたり、これ

九州広域行政機構のイメージ

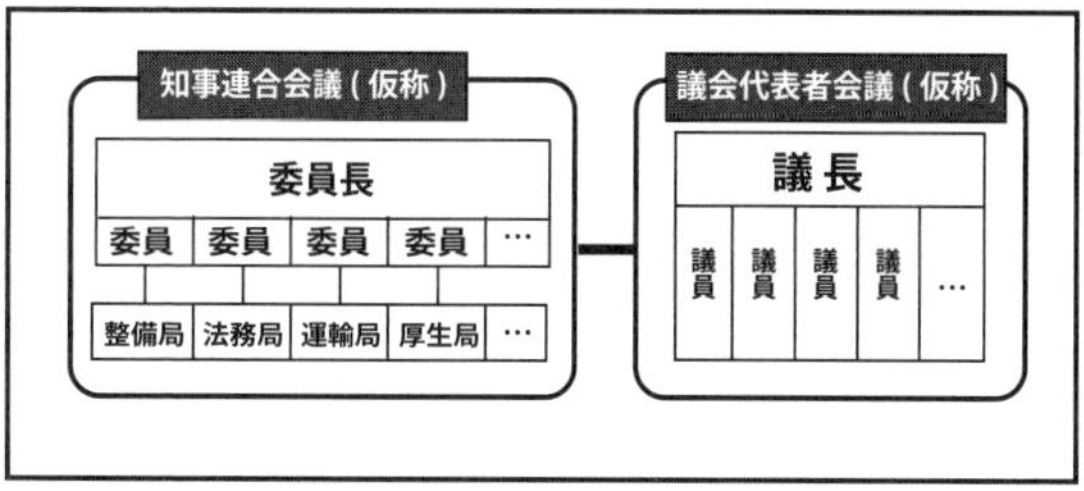

1「知事連合会議（仮称）」（執行機関）
○委員長・委員には、九州各県の知事を充てる。
○委員長への権限集中を回避するために「合議制」の執行機関とする。
○各委員（知事）は各部門（現行の九州地方整備局等）を分担管理する。

2「議会代表者会議（仮称）」（議事機関）
○条例の制定、予算決定、決算認定等を行う。

3 その他
○機構設立についての民意醸成を前提に、国の立法措置として設置（「歯抜け」防止のため、区域、所掌事務等について法定）。
○現行の出先機関の予算規模と同等の財源を、国から受入れることを想定。
○住民自治の強化に向けた直接請求制度等の導入、透明性を確保するための監査制度の充実・強化といった方策も検討。

出所：九州地方知事会発表資料

までの出先機関の予算と同じように、必要な予算を国に措置するように求めており、事務権限が移っても、財源を国に握られた形は継続することになり、国の関与も続いてしまいます。

２つ目は民意の反映についてです。九州広域行政機構は７県知事の中から知事連合会議の委員長を選出し、議会代表者会議の議員も７県議会から選出されます。このため、知事連合会議での意思決定、議会代表者会議における議案審議や議決の過程で、民意がどのように反映されることになるのかが不明確です。広域連合は現行制度において、広域連合長及び広域連合議会議員を住民が直接選挙で選ぶことができると規定しているものの、関西広域連合はその規定を採用しておらず、九州広域行政機構もそのような想定をしていません。

３つ目は地域間の利害調整です。広域連合で、参加自治体の利害調整の難しさによる意思決定の遅れなどを指摘しました。その理由の1つとして広域連合の長及び議員が参加自治体の長及び議員も兼ねており、各自治体の利益代表になる可能性がある旨を述べましたが、九州広域行政機構でも同様の懸念が考えられます。また、執行機関である知事連合会議が関西広域連合の広域連合委員会と同様に全会一致を原則とすれば、迅速な意思決定を行うことが難しいと考えられます。地域間の利害や意見の調整の手段は不明確です。

４つ目は九州広域行政機構が7県に共通する事務を持ち寄ることを計画しておらず、国の出先機関の「受け皿」にとどまる点です。九州地方知事会を含め、これまで九州で検討された道州制では、各県が個別に行うよりも九州広域で行った方が効果を発揮し、効率的である政策分野が数多く挙げられましたが、九州広域行政機構はこうしたことに一切触れておらず、県については「これまで通り」とする方針を示しています。また、これは関西広域連合も同様ですが、国の出先機関から移管を受ける事務について、市町村で担うことが望ましいものがありえますが、その点についても特に触れておらず、九州広域行政機構と市町村との関係が明らかになっていません。

モデレートな「九州府」に向けて

これまで2つのケーススタディを行い、九州における広域行政（＝モデレートな九州府）の可能性を考えていく上で、大きく5つの論点を明らかにしました。①九州府が担う領域（分野）のあり方、②九州府の長及び議員の選出のあり方、③九州府における利害調整のあり方、④九州域内の民間企業や住民等の参画のあり方、⑤九州府の財源のあり方です。ここでは5つの論点を踏まえ、目指すべき九州府の姿を考察します。

①九州府が担う領域（分野）については、国、県、市町村の関係や役割分担を精査する必要があります。これは、広域行政がなぜ必要か、という問いに正面から答えることです。ケーススタディにおいて、九州広域行政機構が構成県の事務を持ち寄り広域で担うこ

とを想定しておらず、国の出先機関の事務のみを担おうとしている点、構成県及び市町村との関係が不明確な点を指摘しました。行政が行っている事務の中で、九州全体で見たときに、結果として非効率であるもの、効果が限定的であるものは、やはり、九州広域で行うことが必要です。一方で住民サービスの充実の観点から、広域で行う必要のない事務、住民に身近な場所で行うべき事務については、積極的に基礎自治体が役割を担っていく必要があります。

②九州府の長及び議員選出のあり方については、ケーススタディにおいて、関西広域連合、九州広域行政機構ともに、構成（府）県の知事から長が選出され、構成（府）県の議会議員から議員が選出されており、政策決定や議決の過程で民意をどのように反映するかが不明確であると述べました。この問題はひいては組織のガバナンスをどう考えるかという問題であり、九州府は、九州の住民による直接選挙によって長及び議員が選出されるような制度設計など、ガバナンスのあり方を丁寧に議論していく必要があります。

③九州府における利害調整のあり方は、ケーススタディにおいて、関西広域連合の執行

機関である広域連合委員会、九州広域行政機構の執行機関である知事連合会議ともに全会一致原則を採用する以上は迅速な意思決定が難しいと述べました。これは多数決を採用することによって、一定程度は迅速な意思決定をすることが可能であると考えます。とはいえ、利害調整に配慮した仕組みづくりについて検討の余地はあるものと思われます。

④九州域内の民間企業や住民等の参画のあり方は、九州観光機構が参考になります。九州観光機構は組織の中に民間企業や大学等が執行機関である「理事会」や審議機関である「評議会」のメンバーとして明確に位置付けられており、産学官の体制が構築されています。九州観光機構の場合は、組織の構成員が九州各県の各地方公共団体や民間企業・団体職員等の集まりの側面があるものの、これからの時代の組織の在り方として新たな可能性を示したといえます。今後の行政のあり方として、また九州という地域で広域にわたる組織をつくるに際して、必ずしも地方公務員のみでやっていく必要はありません。また、政治制度によって民意を反映するとしても、住民のニーズを踏まえた政策立案や行政を推進していく上でも、住民の参画を前提とした組織のあり方を考えていくことが必要ではないでしょうか。

⑤九州府の財源のあり方について、自立的な広域行政を行うには、やはり自主財源の確保が必須です。この自主財源の確保という意味は、国の出先機関の事務移管を踏まえた国からの予算措置の確保や構成県からの負担金の確保を意味するものではありません。ケーススタディでも述べたように、国からの予算措置ということになれば、今後も国の関与が続くことになります。将来的には九州府が自ら課税権と地方債の発行権を持ち、独自の権限において財源を確保し、その財源を元に九州の政策を企画・立案し実行するのがあるべき姿であると思います。

そして、上記の5つに加え、最も重要であると考えるのは、九州府が九州のことを自ら考え（企画立案）、決定する権限を有することです。国の出先機関の事務権限を地方ブロック（関西広域連合や九州広域行政機構等）に移譲することを地方分権と呼び、あたかも地方が自立できるかのような議論もありますが、これは当該事務の権限を持つに過ぎず、当該事務の企画立案及び決定権限を有することを意味しません。この権限がない限り、いつまでも国の関与は続くことになり、自立は成し得ないことになります。真に自立した九州の実現には、九州のことは九州で「考え」、「決定し」、「実行する」ことができるあり方の実現が最終的には必要ではないでしょうか。

九州府が担う行政分野は、九州が一体となって取り組むことによって、①地域の問題解決力・対応力が向上する分野、②国内外の地域との競争力が増す分野、③県境を越えた広域にまたがる分野です。もちろん、各県が単独で担うよりも行政サービスが向上し、行政のスリム化につながるなどの効果がなくてはなりません。また、九州の自立と成長を実現するには、九州府の運営に、住民、企業、ＮＰＯなど多様な関係者の参画が必要です。住民の「九州人」としての意識醸成や、九州府への参画を促すために「自治力」を向上させる取り組みも必要と考えます。九州府への移行に際して、県の役割を見直すことは不可欠です。県域を越えた広域的な政策、高度な専門性・技術力が必要なものは九州府が担い、住民により身近なサービスは市町村への権限移譲も検討しなければなりません。

一方で、国・九州府・県・市町村の役割分担は明快に線引きできるものではなく、一度に全てを実行できるものでもないと思います。そこで、九州の地域特性を活かし、九州の自立と成長に繋がる分野に優先順位を付け、九州府として当初から取り組むべき分野と順次拡充する分野に分けて、段階的に取り組む分野を増やすのが適当であると考えます。九州府が優先して取り組む分野は、九州広域行政機構が先行して国から移譲を受ける想定の「九州経済産業局」「九州地方整備局」「九州地方環境事務所」の各分野、防災、農林水産分野、交通、九州において既に広域的な取り組みを行っている観光分野を位置付けることを想定します。

　ケーススタディで整理した広域行政のあり方を考えて行く上で配慮すべき5つの論点のうち、モデレートな九州府の組織運営体制を検討する際に特に重視したのは、民意の反映、地域間の利害調整、住民や民間企業、ＮＰＯ等多様な主体の参画をいかに実現するかです。現行の関西広域連合では住民や経済団体役員、大学教授などから幅広く意見を聴取する場として広域連合協議会を設置し、九州広域行政機構は住民の直接請求、住民監査・住民訴訟の仕組みを取り入れる方向で検討されていました。しかし、ケーススタディで指摘した通り、関西広域連合、九州広域行政機構ともに組織の長及び議員は参加自治体の長である知事と県議が兼ねています。直接選挙で「九州の代表」として選出されておらず、各地域の利益代表の側面をもつため、民意の反映、利害調整、住民をはじめとした多様な主体の参画が十分とは言えない可能性があります。さらに、九州広域行政機構で担う政策分野を知事が分担して管理する体制では、知事が自県と九州全体を的確にマネジメントで

九州府のあり方イメージ

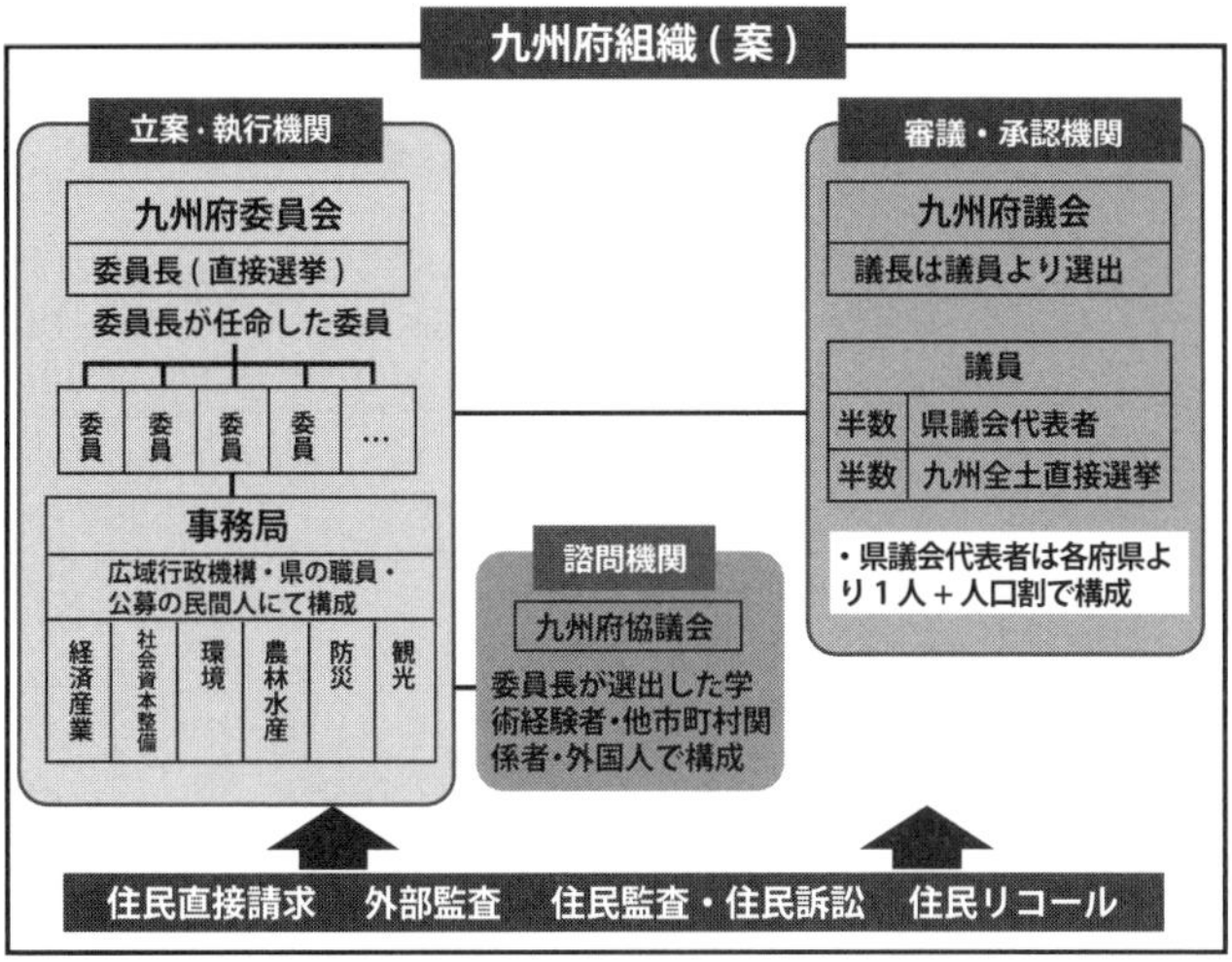

きるかどうか、県知事の膨大な仕事量から見ても疑問に思えます。図は、これらの課題認識を基に検討した九州府の組織図です。

九州府は、「九州府委員会」「九州府議会」「九州府協議会」の３つの機関で構成します。「九州府委員会」は、九州府が担う分野の事業計画の策定や事業を立案し、執行する機関です。直接選挙で選出された委員長と、委員長が任命した専任の委員、及び事務局からなり、委員は、知事の任命も可能としますが、民間企業経験者、学識経験者など幅広い人材登用ができる仕組みとします。また、委員長だけでなく、各委員も、地方公務員法の特別職と位置づけるだけでなく、解職請求（リコール）の対象とすることを提案します。委員長は、条例議案の提出権、予算編成権、人事権、専決処分などの権限を持ちますが、各分野を跨ぐものや重要案件などについては、委員長及び委員の合議制（民間企業の取締役会のようなイメージのもの）とし、事務局職員は、県職員や国の出先機関職員からのみ構成されるのではなく、民間から幅広く採用します。

「九州府議会」は、九州府委員会が提案した議案を審議・議決する機関であり、議員は各県議会の代表者と直接選挙で選出された同数の議員で構成し、議長は議員の互選で選出します。直接選挙を実施するのは、九州全体の代表者を選ぶと同時に、選挙を通じて、九州一体となった政策について、民意をより反映させることを目的とし、また、九州各地域の様々な意見も反映できるよう、直接選挙での選出だけでなく、各県議会からも代表者を選出する制度設計をしています。

「九州府協議会」は、委員会で立案した事業計画などについて、専門的あるいは多様な視点から意見をもらうための諮問機関であり、メンバーは九州府委員会委員長が選任します。

この九州府の組織体制案と九州広域行政機構の主な違いは、①執行機関の長と議会議員を直接選挙によって選ぶ、②委員会委員は知事の兼務ではなく委員長による任命とする、③委員長の権限強化と合議制の採用、④委員会事務局の職員に公募で民間人を採用する、の４点です。直接選挙は民意の反映の最も分かり易い方法です。九州府全体の利益を代表する委員長や議員を公選で選出することにより、選挙を通じて九州が一体となって取り組むべき政策について、住民が考えるきっかけができると思います。次に、委員会委員は知事の兼務ではなく委員長が任命することで、幅広い人材登用が可能で、専門性の高い人物を配置することができ、マネジメント等の強化を図ることが期待できます。また、委員長の権限強化と合議制の採用は、迅速な意思決定で社会情勢の変化への対応力を強化する効果も見込めます。さらに、事務局員に民間人の参画を公募等にて促すことにより、企業経営の視点で行政の見直しやこれまでにない発想による企画立案・業務遂行が期待できるものと思われます。

住民の直接選挙による委員長や議員の選出を行う上では、住民の意思を偏りなく取り込むことがますます重要となりますが、住民参画を促す方法として、オーストラリアやシンガポールなどで導入されている「義務投票制度」を取り入れることも一案と考えます。現在の選挙制度は、国の法律で定められていますが、こうした選挙制度そのものについても、九州府への権限移譲がされ、独自の制度設計ができるようになることも提案したいと思います。

また、直接選挙・義務投票制度の導入と併せて、住民の広域行政への理解と参画を進める取り組みとして「九州府民自治学校」の設置を提言します。民意を従来以上に反映させるには、住民の「自治力」を向上させることが重要になります。ここで言う「住民自治力」には次の２つの側面があり、１つは、「わが町村、わが市、わが県」という意識と共に、「九州府民」であるとの自覚を持ち、「九州府」のビジョンを共有した上で、選挙という形で広域行政の評価をする力を養うこと、そしてもう１つは、広域行政で取り組む必要のない住民に身近な住民サービスの充実においては住民自身が積極的に関わり、自ら生活の質を高めて行く力を付けることです。

「九州府民自治学校」は、２００６年7月に国防・外交以外の分野において高度な自治権を持つ「新しい地方分権モデル」として設置された韓国済州島特別自治道の取り組みを参考にしました。ここでは、自治権拡大・規制緩和・自主財源権の拡大など様々な実験的な取り組みが進められてきましたが、その中で住民と行政の距離を縮め、民意の反映と住民による自治を促進する役割を担っているのが「住民自治学校」です。各地に住民自治センターと住民自治委員会が設置され、その中で専門職員の支援の下、住民の自治能力向上のための「住民自治学校」が運営されています。この学校活動を通じた広報活動・住民同士の意見交換・課題共有が、新しい地方分権モデルを支えているのです。

それでは、こうした施策を行っていく上で九州府の財源をいかに考えていくべきでしょうか。九州が自立し、自ら政策を立案するためには税財源の枠組みから見直す必要があります。

九州府独自の財源として、「九州府税」の創設を提起します。九州府税は九州府が独自に課税するものですが、新たな税目を設けるのではなく、国税及び県税から移譲します。ただし、九州府税を創設するためには法改正が必要で、かなりの時間を要するため、過渡的な措置として、九州府の財源は、「国からの交付金」と「各県からの負担金」で賄うこととなります。

具体的には、九州府が担う事務は、固及び参加地方自治体（九州７県）の役割（権限）から除外され、九州府に引き継がれ、その際、事務を遂行するための財源も九州府に移るべきものと考えます。先にも述べたとおり、財源が参加地方自治体からの負担金のみであれば、運営が参加地方自治体の意向に大きく左右される恐れがあり、九州全体の利益のための事務が推進されない恐れもあります。そもそもその事務にかかる役割（権限）が九州府のものとなれば、参加地方自治体から負担金を徴収することはなじみません。

同様に、事務移管を受けた国の出先機関の事務にかかる経費を交付金として国が支出すれば、国の予算措置が続くこととなり、国の関与は無くならず、事務移管を受けた国の出先機関の事務は、九州府の固有の事務とはなりえません。こうした点から考えて、現在の国税の一部と県税の一部を移管し、九州府独自の財源である九州府税を確保する必要があります。

当面は、国から九州府に移譲される事務にかかる経費は、現在の国の出先機関の予算額相当の「国からの交付金」で、県から九州府に持ち寄る事務については参加地方自治体からの負担金で賄いますが、あくまでも過渡的な措置であり、真の九州府となるためには、現在の税体系を見直し、国から九州府への税源移譲、県税からの移管などにより九州府税として九州府に課税権を持たせるべきです。九州府が、与えられた役割（権限）を確実に遂行するためには、九州府が自ら課税権を持ち、更には地方債の発行権を持つなど、独自の権限で財源を確保し、役割分担に基づく歳出と財源を可能な限り一致させることが、極めて重要です。

また、社会情勢の変化により九州府が担うべき新たな事務が発生した場合、住民の理解のもと、必要最低限の財源を確保するために、新たな九州府税の創設、超過課税を行うことができるものとします。九州の自立と成長を実現するには、これまでの国による全国一律で画一的な政策ではなく、九州という地域の特長を活かしたビジョンや政策を、九州が自ら責任を持って企画し実行できれば、九州の抱える様々な課題解決や九州がもつ潜在能力をより高めることができるのではないかと思います。

これまで日本及び九州における広域行政の検討経過や広域行政のケーススタディで見てきた通り、道州制実現には、法律体系の整備、行財政・税制、公務員制度、議会制度など現行の仕組みの大幅な変更や合意形成が必要で、膨大な労力や時間がかかり、実際未だ実現には至らない状況です。道州制が本当に日本にとってベストな形かどうかについては様々な視点から議論があると思いますが、トランスフォーマティブ・イノベーションの観点からは、社会システムの変革におけるビッグピクチャーを描き、そのあり方や実現に向けてのプロセスを含めた社会システムを構想すべきだと思います。その中で、本提言で示した統治機構改革案のように、例えば「モデレート」な形でプロセスや仕組みを構想し示して行くことは、社会システムの変革を前に進めるプロセスとして大変意義深く、これからの社会は今後のあり方の具体像を示すことで、より現実的な一歩を踏み出すことを促して行くことが求められると思います。

九州スマートリージョン構想

社会システムの変革に関して、もう１つの事例をお示ししたいと思います。私は２０１９年、九州経済連合会の行財政委員会企画部会長を拝命しました。「行財政委員会」は１９９６年に発足し、当時の九州経済連合会でも重点課題であった地方分権で、道州制の検討と市町村合併の推進を中心に活動してきました。

道州制は、先に述べたように、日本を10前後の地域ブロック毎に、広域自治体の「道」や「州」を設置し、国の役割である外交や防衛などを除き可能な限り事務・権限やそれに要する財源を「道」や「州」に移譲するものです。九州の一国に匹敵する規模の人口と経済規模を活かすことや、国の全国一律・画一的な政策ではなく、九州のことは九州が決める仕組みをつくるため、道州制の導入によって地域の創意工夫を活かすシステムの構築を目指したのです。九州・沖縄・山口で構成する九州地方知事会各県知事と、九州経済連合会会長、九州商工会議所連合会会長、九州経済同友会代表幹事、九州経営者協会会長などによる「九州地域戦略会議」では、全国に先立って道州制の「九州モデル」を策定し、活発な議論が行われてきました。

　当委員会は、２００２年に「地方制度研究会」を設置し、道州制導入の目的や国・州・市町村の役割分担、財政などその試案や道州制の制度設計を取りまとめました。これと合わせて九州地方知事会や九州経済同友会による道州制の提言がきっかけとなり、２００５年に九州地域戦略会議の中に「道州制検討委員会」が、２００７年には道州制の具体策を検討するための「第２次道州制検討委員会」がそれぞれ設置されます。２００８年には「道州制の九州モデル」を答申、２００９年には「九州が目指す姿、将来ビジョン」と「住民及び国の関心を高めるためのＰＲ戦略」を取りまとめ、以後２０１６年に至るまで道州制に関するシンポジウムが開催されるなど、九州地域戦略会議は全国を先導する役割を果たしてきました。

　このように、行財政委員会は道州制の検討に向けた重要な役割を担ってきましたが、２００９年の政権交代や、２０１１年の東日本大震災、外交問題などの優先度の高い課題の発生などにより、道州制の議論は停滞しました。また、私が行財政委員会企画部会長を拝命した2019年には、日本における道州制の議論は下火になっていましたが、九州地域戦略会議が検討してきた道州制の議論は、現在・未来の九州・日本を考える上で示唆に富むもので、これまでの流れを踏まえて行財政委員会で今後のあり方を提示したいと考えたのです。そのような中、2020年に創立60周年を迎えた九州経済連合会で、記念事業として「九州将来ビジョン検討特別委員会」が立ち上がり、検討委員に指名されました。ビジョン策定の目的は、人口減少やデータ主導型社会到来などの大きな環境変化を受けて、Society5.0 等の革新的な考え方と九州の特性を活かし、日本・アジアをリードする九州の方向性を示すとともに、今後、九州経済連合会が取り組む事業活動の指針とするとされました。委員会で当方が特に申し上げたのは、次のとおりです。

① 九経連は九州全体の視点で発言し、取り組めることが最大の価値。問題意識や価値観をこのビジョンで示して発信すべき。

② チャンスというよりパラダイムシフトという観点で、変化せざるを得ない中で生ま

れる次なるビジネスや環境にしっかり向き合い、九州の強みを生かすべき。

③県庁所在地レベルで域外からの人口流入を受け止め、10万人規模の都市へ繋ぐハブになる戦略が必要。

④自立型広域連携の実現に向けては都市圏の役割が必須であり、都市圏が九州全体をどう支えていくかが重要。

⑤スタートアップの分布は所在地域の産業構造に影響を受ける傾向があるため、九州各都市の産業を広域的に連携していく中でオープンイノベーションに繋げることで、既存産業の革新に繋げる。

⑥社会課題を解決するソーシャルな担い手を経済と繋ぎ、地域で支え合っていく小さな経済単位である「社会経済連帯」を形成することで、幸せコミュニティの受け皿になりうる。

⑦ＧＤＰなどの尺度で測れない要素も踏まえて整理すべき。

策定されたビジョンは「九州将来ビジョン２０３０　共生・共感・共創アイランド九州～成長と心の豊かさをともに～」というタイトルで、多様な人々が、九州のポテンシャルを活かし、地域経済を活性化させるとともに、暮らしやすさを向上させて地域の魅力を高め（共生）、さまざまな人から選ばれる地域（共感）を目指し、多様な人材がイノベーションを起こすことで新たな価値が生まれ（共創）、地域の魅力が高まり、さらに人が集まって経済成長を加速させる好循環モデルの確立を目指していくこととしました。

産学官民の連携を促進しながら、「九州から日本を動かす」気概のもと活動を展開していく中で、ありたい姿として、「Ⅰ　新たな時代の成長エンジン」で地域経済社会の先進モデルの確立、「Ⅱ　心の豊かさを成長につなぐ幸せコミュニティ」で多様な人材を活かし新たな価値を創出、「Ⅲ　自立型広域連携アイランド」で九州単位の広域的な産学官民一体の体制構築やインフラ整備を行い、九州の自立的運営やエリア内コミュニティの連携を促進するとし、ありたい姿を踏まえ、10の課題と具体的行動が定義されました。

第3章　社会を変える「構想」をつくる

九州将来ビジョン2030
2030年の九州のありたい姿を描き、その実現に向けた10の課題を踏まえ、3年毎の中期経営計画に沿って活動を展開。

〜多様な人材を活かし、新たな価値創出を促す〜

Ⅲ **自立型広域連携アイランド**
〜九州のポテンシャルを活かし、強固な連携で成長と心の豊かさを支える〜

九州将来ビジョン2030と10の課題のイメージ図

出所：九州経済連合会

以上の方向性を受け、２０２１年行財政委員会企画部会に「自立型広域経済圏モデル検討ワーキンググループ」を立ち上げ、座長に就任しました。当ワーキンググループは、バランス良く配置された九州の各都市の経済・生活機能が効率的かつ最大限に発揮できるよう、地域間連携に資するＩＣＴ基盤や産学官民が連携したデータ流通の促進、交通インフラの整備、人口減少、高齢化が加速している中でも地域経済・コミュニティを維持できるよう、強みである広域連携力を活かした、沖縄県と山口県を含む９県が自立しつつも一体となって地域活性化に取り組む連携モデルの構築を目指します。

まずは、異常気象や巨大地震発生などのリ

スクが年々高まる中、住民が安心して生活できるよう防災レジリエンス（予測力・予防力・対応力）を高めるとともに、首都圏での災害発生時のバックアップ機能構築などに取り組む政策の検討を行うこととしました。少子高齢化による既存行政システムの限界、特にコロナ禍で顕在化した人口、政治、行政などの機能が首都圏に過度に集中するリスク、感染症、大規模災害、データ連携などにおける複雑化した都道府県をまたぐ課題への対応など、ＶＵＣＡ、先の見通せない時代の到来も合わせ、広域連携の新たな社会システムの検討が必要と考えたのです。

　そして、「道州制に代わる広域連携」をキーワードに発表したのが「九州スマートリージョン構想」です。九州スマートリージョン構想は、一言で言えば「バーチャル九州府」。デジタルでバーチャルに一つの九州「One Kyushu」を実現しようという構想で、高度化・広域化・複合化する地域課題に対し、各自治体がバラバラに取り組むのではなく、「広域連携×官民共創のサービスモデルを実装」していこうという考えのもと、九州全体がひとつに繋がり、より安全・安心・便利な社会にしながら成長を目指すというものです。

道州制に代わる広域連携

「コロナ機に必要性意識」

九州内の越境連携を促進し、広域で社会課題の解決に取り組む「九州スマートリージョン構想」（仮称）。構想をまとめているワーキンググループの石丸修平座長（42）＝九州経済連合会行財政委員会企画部会長＝に、構想を巡る議論の経緯や狙いを聞いた。【３面参照】

九経連の新構想
石丸ＷＧ座長に聞く

「九州スマートリージョン構想」（仮称）を語る石丸修平座長

—構想の発端は。

「私自身も策定に携わった『九州将来ビジョン２０３０』の実現のため、議論が動きだした。新型コロナウイルスをきっかけに、広域連携の必要性はより強く感じるようになっていた」

—コロナ対策は基本的に県単位で実施される。

「対策を九州単位で取り組む利点を感じている。流行地域が九州外であれば、島である九州を〝閉鎖〟し、九州内の人の流れを止めなければ経済活動は続く。コロナ禍で実際、オーストラリアとニュージーランドが2カ国間では人の往来を続けた例がある。九州でこれをやるには広域連携の仕組みが必要だ」

—九州の広域連携と聞くと、今は下火の「道州制」を思い起こさせる。

「道州制は国をはじめ、九経連や九州地域戦略会議などが議論を深めたが、道州内の新たな一極集中や格差への懸念、憲法改正の高いハードルなどがあり、進展しなかった。一方、今目指しているのは、行政区域で分断しがちな住民サービスや経済活動を統合的に進める仕組みで、道州制に代わる広域連携の形だ」

—九州の住民にはどんなメリットがあるのか。

「一番肝だと考えているのが、防災、モビリティー（交通）、エネルギーの三つ。防災で言うと、複数の県にまたがる川の氾濫があっても、備蓄や避難所設置はほぼ市町村単位。本来、災害の発生エリアに県境は関係ない。モビリティーは、例えばコミュニティーバスが行政区域を越えて運行すれば、県境周辺の住民の利便性を高めることができる」

—自身も九州をキーワードに活動を展開している。

「発起人の一人として、九州の廃校の活用に取り組む『九州廃校サミット』を3回開き、新型コロナを機に『ＯＮＥ　ＫＹＵＳＨＵサミット』に昇華させた。東京への一極集中が見直される中、一つの島である九州内のワークスペースや遊休資産をネットワーク化して新たな働き方を考えるなど、広域連携を議論する機会になっている」

（聞き手は小川俊一、野間あり葉）

出所：西日本新聞　2022年1月6日　朝刊

九州スマートリージョン構想が目指す姿

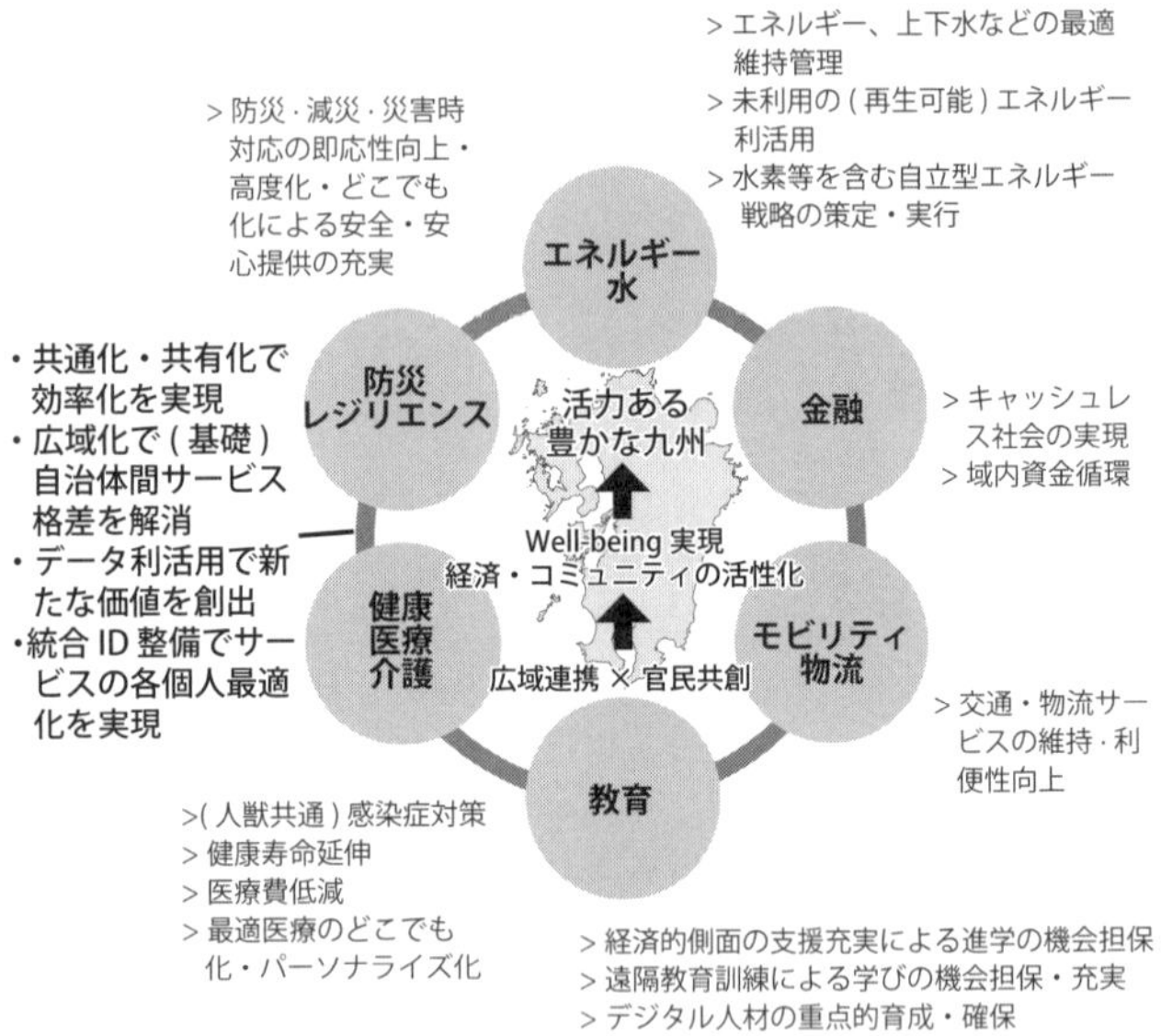
> エネルギー、上下水などの最適維持管理
> 未利用の（再生可能）エネルギー利活用
> 水素等を含む自立型エネルギー戦略の策定・実行
> 防災・減災・災害時対応の即応性向上・高度化・どこでも化による安全・安心提供の充実
エネルギー・水
・共通化・共有化で効率化を実現
・広域化で（基礎）自治体間サービス格差を解消
・データ利活用で新たな価値を創出
・統合ID整備でサービスの各個人最適化を実現
防災 レジリエンス
活力ある豊かな九州
金融
> キャッシュレス社会の実現
> 域内資金循環
Well-being実現
経済・コミュニティの活性化
健康 医療 介護
モビリティ 物流
広域連携 × 官民共創
> 交通・物流サービスの維持・利便性向上
教育
>（人獣共通）感染症対策
> 健康寿命延伸
> 医療費低減
> 最適医療のどこでも化・パーソナライズ化
> 経済的側面の支援充実による進学の機会担保
> 遠隔教育訓練による学びの機会担保・充実
> デジタル人材の重点的育成・確保

出所：九州経済連合会

九州全域で取り組むべき課題の洗い出しと共助モデルの構築を念頭に、「エネルギー・水」、「防災・レジリエンス」、「健康・医療・介護」、「教育」、「モビリティ・物流」、「金融」、そしてそれらを支える「データ連携基盤」などの領域を想定して、当面は生活圏が一体であるにも関わらず県境を跨いでいる地域などでの統合的なサー

ビスモデル実装を目指します。２０２２年10月には九州地域戦略会議において「誰もが輝く九州未来創造宣言～デジタルの力を最大限活用した広域連携・官民共創の推進に向けて～」が採択され、デジタルの力を最大限活用した社会課題の解決や九州広域でのデータ連携基盤の整備などが宣言されました。

データ連携基盤では、共通化・共有化による効率化、広域化による自治体間サービス格差の解消、データ利活用による新たな価値の創出、統合ＩＤ整備によるサービスの各個人最適化などの実現に向けて、２０２３年に「九州広域データ連携プラットフォーム（ＱＤＰ）検討会」が設置されました。九州地方知事会各県と、九州経済連合会、九州商工会議所連合会、九州経済同友会、九州経営者協会などが委員、各県市町村関係者、デジタル庁、総務省、経済産業省などがオブザーバー、福岡県、長崎県、九州経済連合会が事務局となり、県境を越えた九州広域でのデータ連携を目指します。九州広域データ連携プラットフォーム（ＱＤＰ）はデジタル技術を活用した、地域社会課題の解決及び九州の個性を活かした魅力向上による地域活性化を図り、社会全体で豊かさを真に実感できるひと・まち・しごと・くらし（ウェルビーイング）を実現することをミッションとしています。当面は九州広域での官民データ連携を可能にする仕組みづくりと、具体的なサービス創出に向けた検討を行うこととし、防災、観光、健康・子育て、交通・物流、行政ＤＸなど54のモデルが組上に上がっています。

防災・レジリエンスでは、防災・減災・災害時対応の即応性向上・高度化・どこでも化による安全・安心提供の充実に向けて、九州経済連合会は２０２３年に防災科学技術研究所が出資するＩ‐レジリエンス、東京海上日動、ＳＡＰジャパンなどによる「九州防災ＤＸタスクフォース」を設立しました。九州防災ＤＸタスクフォースは、地域に点在する官民の様々な情報を利活用することにより、自治体の災害対策の高度化支援、九州に暮らす・関わる人々と九州に立地する企業向けに人々と産業を守る防災対策サービスの官民共創、大規模災害を想定した行政区域にとらわれない広域連携を可能にする仕組みづくりをミッションとしています。

宮崎県、大分県と連携による、災害情報活用プラットフォーム「PREIN」の有するＡＩ等による情報解析や、画像解析等を活用した各種機能を今出水期の災害対応で検証し、検証結果の各県への共有を行う災害情報活用の高度化、およびその共同利用による広域連携の実証・実装や、防災科学技術研究所などとの連携による、雷による瞬低・瞬停リスク低減のための落雷予測技術の有効性検証、半導体などの集積産業における瞬低・瞬停による損害回避スキームの構築・検証などを目的とした、既存レーダーのデータを用いた落雷

出所： 九州防災 DX タスクフォース

予測精度の検証・改善、半導体関連工場など特定企業における落雷予測データ利活用の実証などに取り組んでいます。

モビリティ・物流では、交通・物流サービスの維持・利便性向上に向けて、九州スマートリージョン構想の発表以前から、九州経済連合会が交通モード、事業者、行政区域等のあらゆる垣根を越え、九州一帯で広域的なMaaS（マース：Mobility as a Service）の構築に向けた検討を行ってきました。２０２２年には九州地域戦略会議で九州広域でのMaaS構築に向けた官民研究組織立ち上げを提案、２０２３年には「九州MaaSグランドデザイン」が承認されました。九州MaaSは、乗り換えを前提とした様々な移動手段によって支えられる新たな交通ネットワーク像を前提とし、そのような社会環境においても公共交通が選ばれる環境を創出し、持続可能な地域公共交通の実現や観光分野等も含む移動の円滑化による地域経済の活性化を図ることを目的としています。翌２０２４年には「一般社団法人九州MaaS協議会」が設立され、事業計画が地域交通法に基づく「新モビリティサービス事業計画」として国土交通省に認定を受けました。事業は経路・時刻検索、予約、料金支払い、イベント情報閲覧等を一連で提供するサービス、交通機関の利用者の利便を増進するサービスを提供するために、事業者や県境の垣根を越え、多様なモビリティサービスをボーダレスに繋げた最適な経路検索、決済サービスとの連携、事業者や事業分野の垣根をこえたデジタルチケットの造成・販売等、地域住民・国内外観光客へのサービスの周知、データプラットフォームの構築及び蓄積されたデータ利活用機能の実装等を行うことになっています。これは全国初の新モビリティサービス事業の認定事例とのことです。２０２９年度末に１００社局以上の参画を想定していましたが、２０２４年11月末時点で１０４社に達しました。２０３０年までに九州のモビリティサービスの劇的な進化・発展を目指しています。

　九州はこれから大幅に人口が減少していくことが予想されています。市町村別に人口規模と生活サービス産業等の立地状況に基づき、産業の存在確立が一定以上になる市町村の人口規模を整理すると次ページの図のようになります。多くの市町村が、人口減少に伴い現状では立地確率が低くなっている人口規模に移行していくことが想定されています。そういった地域では産業の撤退等により、これまで通りの生活サービスの維持が困難になっていくことが懸念されます。所謂、全ての生活必需の機能を確保できる都市規模は、20万

一定以上になる市町村の人口規模を整理すると、下図のとおり。
行していくことが想定され、そういった地域では産業の撤退等により、これまで通り

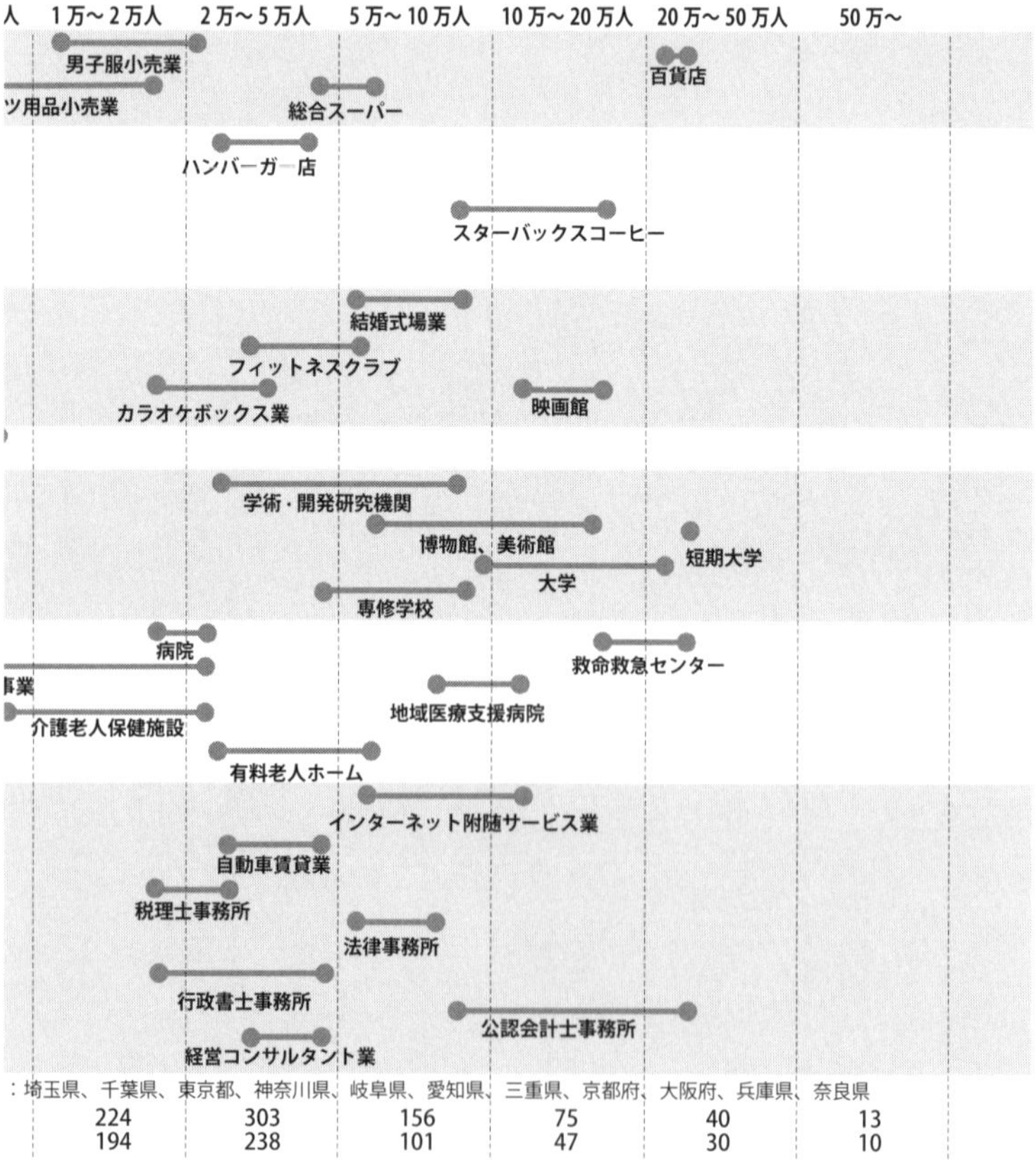

省「平成26年経済センサス - 基礎調査」、経済産業省「平成26年商業統計」、「全国学校総覧2016」、「国土数値情報」、
ターバックスホームページ」もとに数値を算出のうえ、国土交通省国土政策局作成

市町村人口規模別の施設の立地確率

○市町村別に人口規模と生活サービス産業等の立地状況に基づき、産業の存在確率が
○多くの市町村が、人口減少に伴い現状では立地確率が低くなっている人口規模に移
　の生活サービスの維持が困難になっていくことが懸念される。

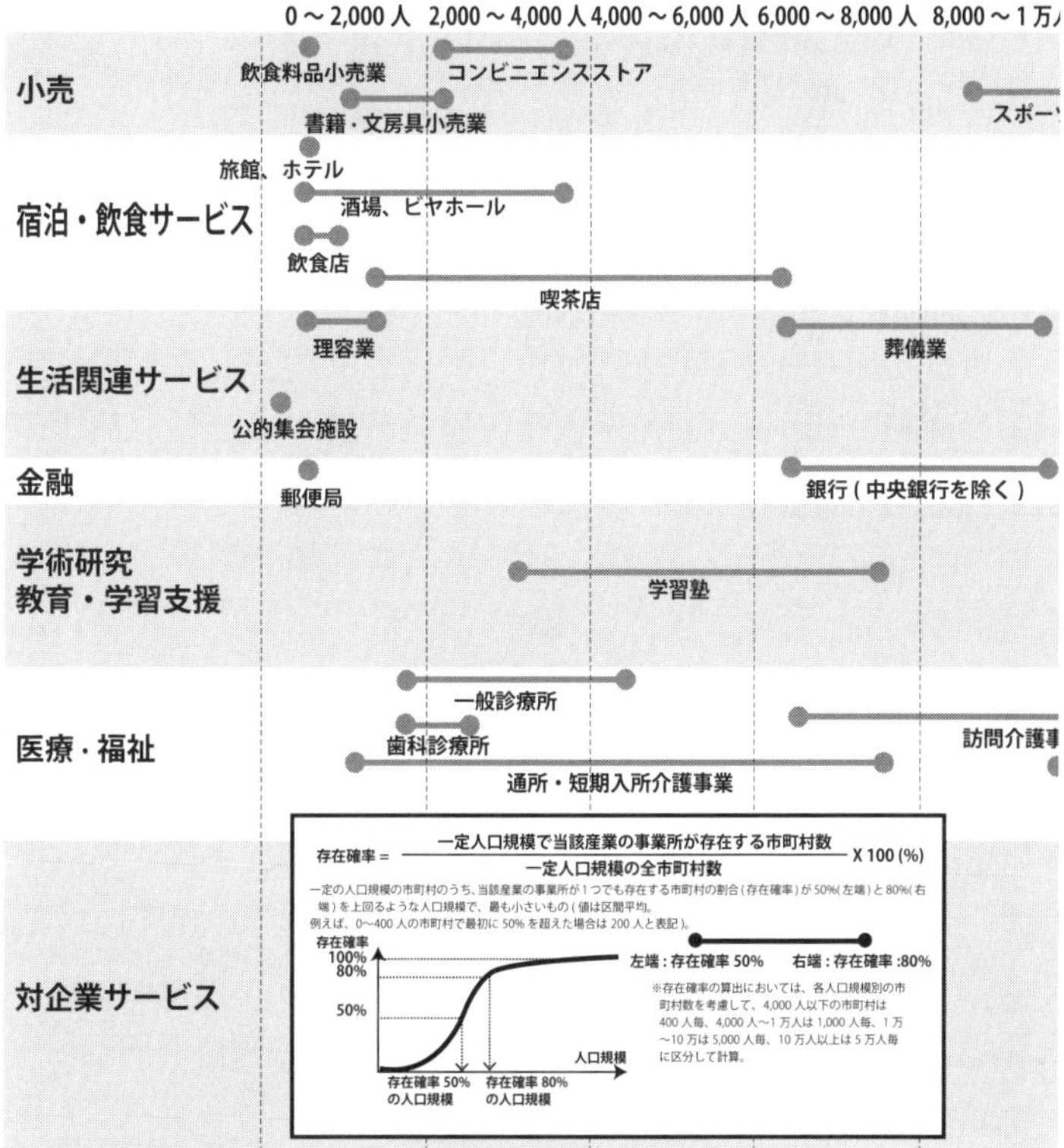

(参考)2015 年と 2050 年における人口規模別の市町村数 (三大都市圏 * を除く)　　＊三大都市圏

市区町村数	上 2015	75	108	107	83	71
	下 2050	208	173	101	84	69

（注 1）2050 年の市町村別人口は、国土交通省国土政策局推計値
（注 2）人口規模別の市町村数は、平成 27（2015）年 10 月 1 日現在の三大都市圏を除く 1,255 市町村を基準に分類

出所：総務
「ス

地域生活圏で提供する主な都市的機能

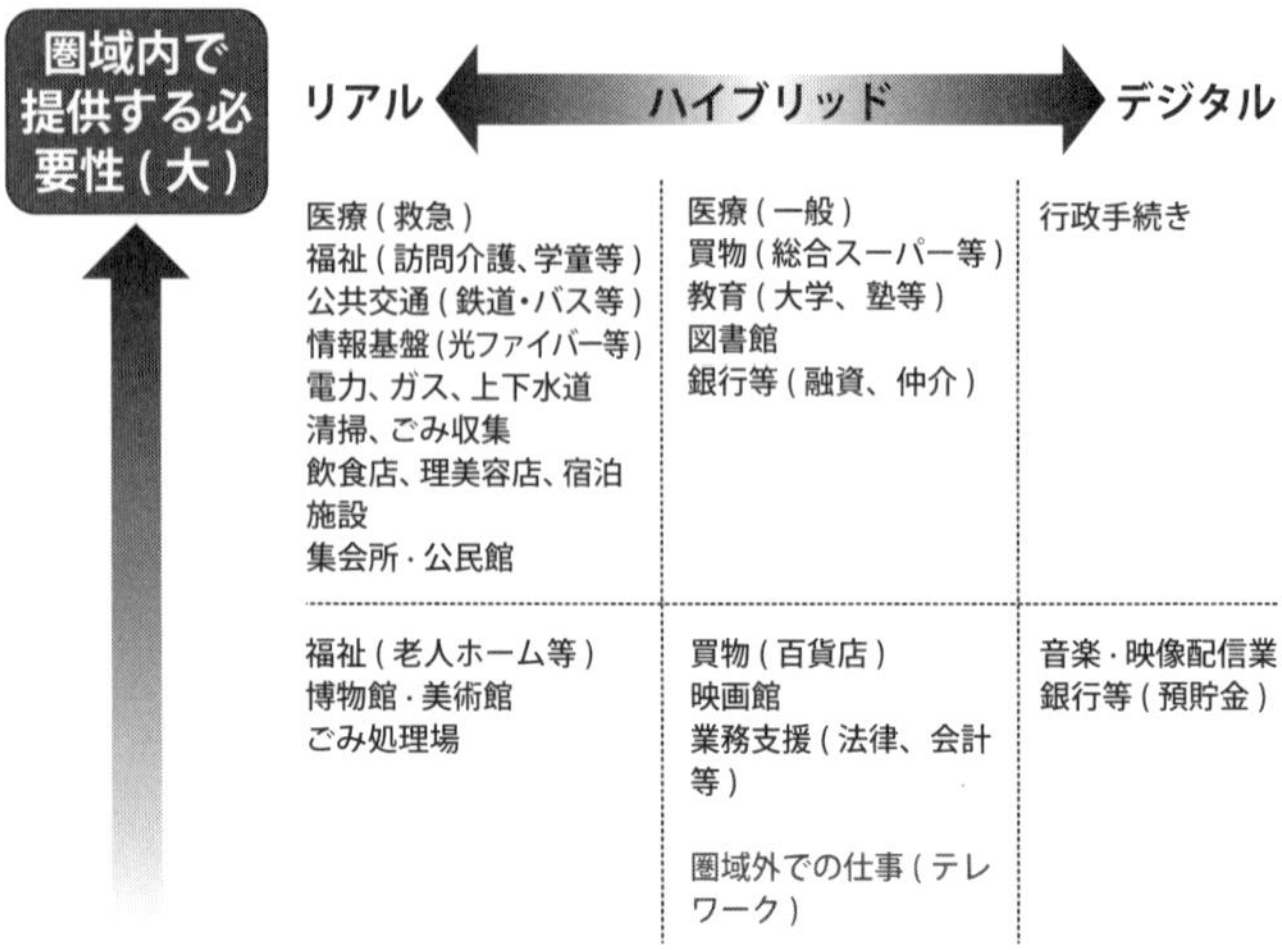

リアル	ハイブリッド	デジタル
医療(救急) 福祉(訪問介護、学童等) 公共交通(鉄道・バス等) 情報基盤(光ファイバー等) 電力、ガス、上下水道 清掃、ごみ収集 飲食店、理美容店、宿泊施設 集会所・公民館	医療(一般) 買物(総合スーパー等) 教育(大学、塾等) 図書館 銀行等(融資、仲介)	行政手続き
福祉(老人ホーム等) 博物館・美術館 ごみ処理場	買物(百貨店) 映画館 業務支援(法律、会計等) 圏域外での仕事(テレワーク)	音楽・映像配信業 銀行等(預貯金)

出所：令和3年3月8日国土交通省国土の長期展望専門委員会（第13回）
資料2-2「地域生活圏に係るデータ等」より抜粋。経済産業省一部加工

人から30万人規模ではないかと考えられ、九州全体で拠点都市を核に都市圏を構成して、これらの機能を担保していくことで、九州全体を支えていく視点が重要になってくると思います。

九州は各県に都市がバランスよく配置されており、他の地域ブロックと比しても各拠点都市間の流動性が高い地域です。この流動性をより高めていく必要があります。もう1つは、九州スマートリージョン構想の肝であるデジタル技術の活用です。需要が減少する中で、サービスの担い手である事業者数が減少し、地域の機能を維持するために必要となるサービスを提供していた事業者も、人口減少を上回るスピードで減少します。デジタル技術等のソリューションを有するものが、従来と異なる手法・体制で地域の課題解決に取り組んでいくことにより、地域の持続可能性を高められる可能性があります。

九州スマートリージョン構想は、「道州制に変わる広域連携」というコンセプトにあったように、統治機構そのものの改革によるONE KYUSHUの実現に固執するのではなく、デジタル技術などを活用しながら、バーチャルにONE KYUSHUを目指す取り組みです。県境を跨いだり、九州全体で取り組むことが相応しい分野毎に、実質的な広域連携を進めて行くもので、ホール・オブ・ガバメント・アプローチ（中央省庁間の連携や地方との連携など）をはじめとする、トランスフォーマティブ・イノベーションにおける社会システムの変革の本来的なアプローチであると言えると思います。このようなアプローチを社会システムを構想する手段とすることも有効ではないでしょうか。

ONE KYUSHU サミット

トランスフォーマティブ・イノベーションにおける社会システムの変革については、社会経済システムに関わる様々なステークホルダーとの連携や、市民セクターのローカルな活動を繋いでいくアプローチも重要視されています。ここでは、九州における多様な担い手が未来の九州を構想していく取り組みとして、「ONE KYUSHU サミット」についてご紹介したいと思います。

私は、２０１８年４月に、宮崎市で廃校となった小学校をリノベーションし、カフェやシェアオフィス・コワーキングを併設した「MUKASA-HUB」を運営する一平ホールディングス代表取締役の村岡浩司さんと共に、発起人の一人としてONE KYUSHU サミットの前身である「九州廃校サミット」を立ち上げました。私はもともと廃校を活かしてまちづくりができればと思っていました。廃校に限らず、空き家など使わなくなった建物は色々とある中で、なぜ廃校なのか。それは、日本では小学校単位、つまり校区をベースにコミュニティがあり、学校がなくなればコミュニティが消失してしまうとの危機感を持ったからです。少子化による廃校は避けられないとしても、学校のあった場所を拠点にしてコミュニティを残したり、あるいは域外から人を呼び込む場にしたりできるのではないかという仮説を持っていました。また、廃校は過疎化が進行する地域に生まれるイメージですが、都心でも発生しています。私が卒業した田舎の小学校は統廃合された一方で、都心部でも廃校になっていくことに興味を持ちました。九州廃校サミットは、九州の廃校利活用事業者や自治体、企業、金融機関などの有志が一堂に会し、廃校をキーワードとして、九州の地域課題に向き合い、九州の未来を創造するコミュニティの形成を目指すものです。九州廃校サミットの設立に当たっては、クラウドファンディングで多数の皆様にご支援を頂きました。以下は、その際に皆様にお伝えした私の想いです。

九州では２０３０年には約１５６万の人口が減少すると予測されています。これは１県あたりの人口規模に相当し、今後九州の置かれている環境は急速に変化していきます。我々が問題提起している「大廃校時代」というのは、そのような時代環境の中で象徴的に、また加速度的に進んで行くことでしょう。

各地に存在する「学校」は地域コミュニティの核であり、子供から大人まで多世代が集い、関わり、大切に守り育ててきた地域の象徴のような場所です。大廃校時代というのは、そのような大切な場所が次から次へと失われていくことを意味するのです。

このような時代に生きる我々現役世代はどうしていくのか。私は地域の象徴である「場」をこれからも大切に守り続けていきたい。そして、急速に変化する環境にうまく適応しながら、持続可能な地域づくりの「場」にしていきたい、そのように考えました。自分たちの生きる地域は自分たちで動かしていく、地域の運命を決めるのは、「地域の意思と行動力」だと思います。

福岡地域戦略推進協議会（ＦＤＣ）が生まれたのも、持続可能な都市を産学官民が一緒に作っていこうという、「地域の意思」がきっかけとなりました。

国や誰かに頼るだけではなく、産学官民が連携して、地域に関わる人が主体的に責任と情熱をもって地域づくりを進めていく。ＦＤＣでは、まさにそのような活動を目指しています。

「廃校を通して、地域を見つめなおす」この機運を、九州から全国へ、色々な地域や仲間を巻き込みながら広めたい。そして、当事者意識を持った廃校の利活用を進めて、「自分たちの地域が誇らしい」と言うような、新たな価値観・ムーブメントを生みだしたいと思っています。

あなたもぜひ、「九州廃校サミット」にご参加ください！

福岡地域戦略推進協議会　事務局長　石丸修平

九州では２００２年から２０１５年までに約１０００校もの廃校が生まれています。全国で利活用されている廃校は70％程度です。利活用が進んでいない30％に目を向けると、「地域からの要望がない」という理由が大きいようです。各地域が主体的に意思をもって取り組めば、廃校利活用の可能性が広がるでしょう。廃校は運営する側から見ると、初期投資が安かったり、スピード立地が可能といったメリットがあると言われています。一方、供給側（自治体）から見ても、造成コストが安い、早期に提供可能、公共的なサービスを展開しやすいといったメリットがあると言われています。ただし、実際に利用している方々にはそれぞれの苦労やハードルがあるようです。国も利活用のハードルを下げようとしており、一般的に学校を作る際には国庫補助金が使用されていれば、別の用途に利用しようとすると国庫に返納という話になりますが、これについて段階的に緩和の動きが進んでいます。また、内閣総理大臣が認定する地域再生計画や政府の規制改革会議でも条件や規制を緩和していこうという流れもあります。地方自治体レベルで、例えば、中小の都市でオフィス展開したい時に廃校活用を後押しする施策もあるようです。廃校が工場などの産業用途となる場合、電気や水道の対応が必要で、この場合、新たな投資や地元の理解が必要になります。また、既存不適格建築物の活用という課題もあります。今の建築基準に照らすと問題がある場合、大規模改修をしなければなりません。また、用途変更して、宿泊施設に取り組もうとすると、旅館業法の適用があります。そこから派生して消防法の規制など、最初は想定していないことが後々問題となってくることがあります。

その後、廃校サミットでは拠点活用について考えを深めつつ、「九州廃校学会」が発足しました。廃校の活用について適切な政策の立案や有益な情報の獲得、失敗事例の共有が必要だと考えたからです。宮崎大学の根岸裕孝教授を中心に、大学教授や有識者が廃校活用を科学する、日本で初めての組織です。アカデミアの九州廃校学会と、廃校利活用事業者のネットワーク、コミュニティとしての廃校サミットが、有機的につながる場を目指すことにしました。九州廃校サミットではこれまで3回にわたって、九州の未来について議論を重ねました。移住、旅行、食、コンテンツ、福祉など、九州の地域経済の起爆剤として廃校が担うことができる役割は多岐に渡ると理解するにつれて、この九州全域にまたが

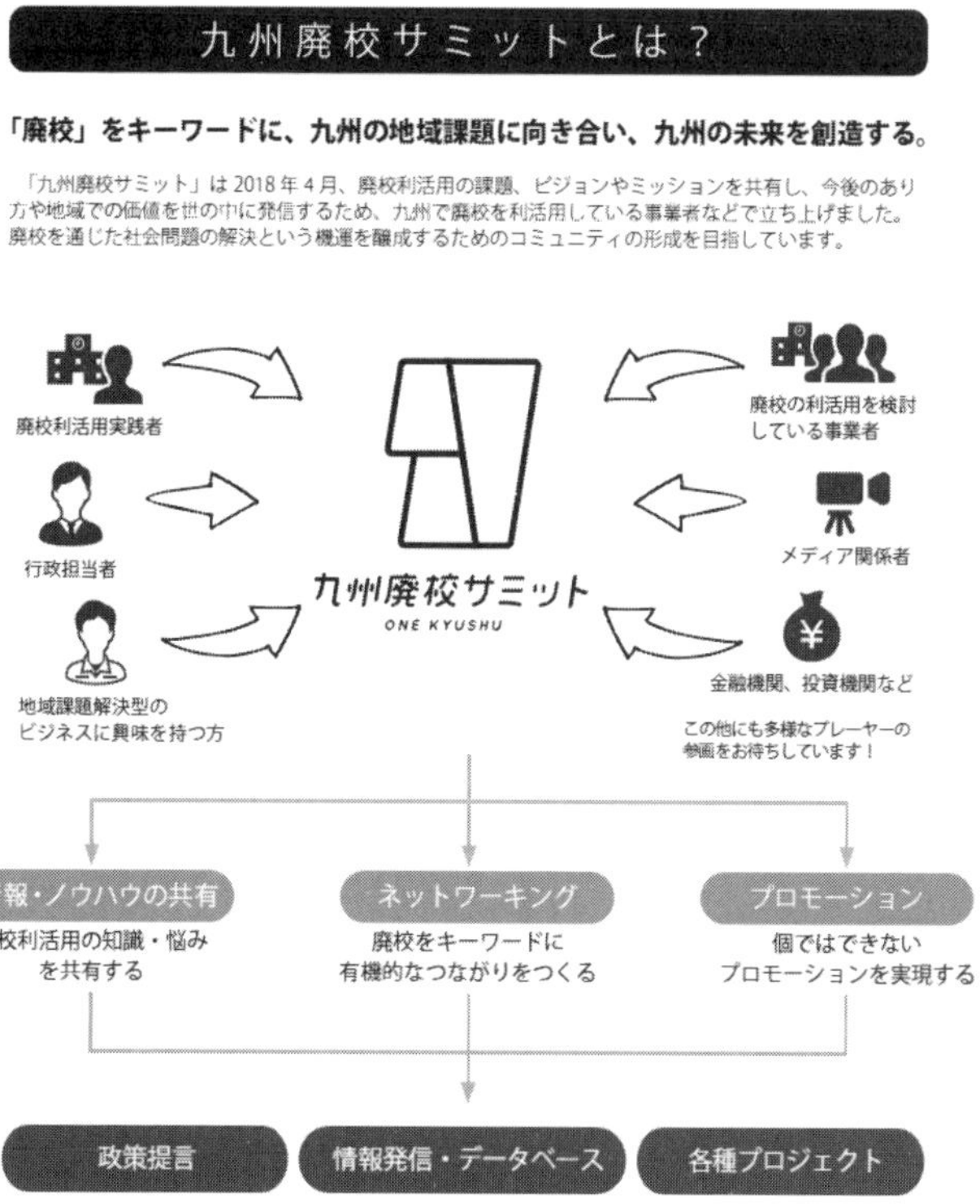
九州廃校サミットとは？
「廃校」をキーワードに、九州の地域課題に向き合い、九州の未来を創造する。
「九州廃校サミット」は2018年4月、廃校利活用の課題、ビジョンやミッションを共有し、今後のあり方や地域での価値を世の中に発信するため、九州で廃校を利活用している事業者などで立ち上げました。廃校を通じた社会問題の解決という機運を醸成するためのコミュニティの形成を目指しています。
廃校利活用実践者
行政担当者
地域課題解決型の
ビジネスに興味を持つ方
九州廃校サミット
ONE KYUSHU
廃校の利活用を検討
している事業者
メディア関係者
金融機関、投資機関など
この他にも多様なプレーヤーの
参画をお待ちしています！
情報・ノウハウの共有
廃校利活用の知識・悩み
を共有する
ネットワーキング
廃校をキーワードに
有機的なつながりをつくる
プロモーション
個ではできない
プロモーションを実現する
政策提言
情報発信・データベース
各種プロジェクト

出所：ONE KYUSHU サミット

るコミュニティをベースに、「ONE KYUSHU」という概念で地域活性への取り組みへとつなげていけないかと考えるようになりました。

そんな折、新型コロナウイルス感染症により、日常が一変しました。地域のあり方や役割を見つめ直す機会となり、廃校に限らず、アフターコロナの九州はONE KYUSHUで政策決定をしていくような新しいモデルを世界に示せるのではないかと強く感じました。そこで２０２０年5月、会長の村岡浩司さんと共に「ONE KYUSHU宣言」を発出、九州廃校サミットをONE KYUSHUサミットに進化させました。

～ONE KYUSHU宣言～

世界は今、大きな変化の渦中にある。我が国は、グローバリゼーションの進展、人口減少・少子高齢化の進展、過度な東京一極集中、地域間格差の拡大などがもたらす様々な社会課題への対応を迫られてきた。中央政府による一体的な経済・財政政策、地方創生政策が一定の成果をあげる一方、地域ごとに抱える課題が異なり、条件が個別的で多様な現状では、画一的な取り組みによって効果を上げていくことはますます難しい。

そのような中で発生した新型コロナウイルス感染症は、瞬く間に世界中に広がり、人命を脅かすとともに、人々の生活に多大なる影響をもたらしている。「With コロナ

／After コロナ」の新しい社会経済のあり方として、「New Normal」を目指す動きが始まっているが、これらの動きはこれまで当然と考えられていた価値観のもとで行われてきた生活や教育、企業活動などに多大な影響をもたらすと考えられる。分散化、開放化、自動化、データ化など新たな手段へとシフトを進めながら、それに対応する地域づくりを進めていく必要がある。

九州はひとつの島であり、７つの県で構成されているが、他の地域ブロックと比して規模の大きな都市が多く、地理条件から地域内にバランス良く配置されている。これらの都市が核となり、都市間の人流、物流が活発に行われてきており、圏域を超えた経済圏の構築や経済活力の一因となっている。産業としては、農林水産業、建設業、インフラ産業、医療・福祉などに強みがあり、これらの産業は「With コロナ／After コロナ」の時代においては新たな付加価値を生み出せる可能性がある。

地域経済は消費や生産とともに活動が域内で完結せず、経済圏も行政区域を越えて構成されるのが特徴である。新型コロナウィルスの感染についても同様であり、行政区域による施策の実施にとどまらず、九州の特性を活かした九州単位での対応により、より効果を生み出していくと考えられる。九州単位で「With コロナ／After コロナ」を見据えた次世代の戦略の策定や次世代産業領域における活躍の場の創出、産学官民が一体となったまちづくりなどを進めていくべきである。

「With コロナ／After コロナ」時代に向かうにあたり、九州域内での一体的な防疫体制の構築は必須である。九州は域内経済依存の割合が高く、隣県との経済交流の厚みを踏まえれば、域外からの入島ルールの整備を行う一方で、旅行安全圏の制定などにより段階的に圏域を開放することにより、経済循環を促し、経済を支えていける可能性がある。これらの九州の特性を活かした取り組みを行うことにより、他の地域に先んじて「With コロナ／After コロナ」時代を見据えるとともに、九州ならではの「新たな生活様式」を確立していきたい。

私たちは九州を「ひとつの島」として捉え直し、価値を再定義する。ローカルを越えたリージョナルの視点を持って、産学官民が一体となり、「With コロナ／After コロナ」時代を九州から先導し、加速させていくことをここに宣言する。

令和2年5月29日　ONE KYUSHU サミット　会長 村岡浩司／副会長 **石丸修平**

ONE KYUSHU 宣言を受け、２０２０年７月に ONE KYUSHU サミットがスタートしました。多摩大学大学院の田坂広志名誉教授の「New Normal Dialogue: ポストコロナ社会を見据えた九州への期待」を踏まえ、九州で起きている With コロナへの挑戦やポストコロナの ONE KYUSHU について議論を開始しました。２０２３年３月には別府市にて長野市長からのメッセージを皮切りに、企業を内側から進化させる挑戦者たち ―九州のイントレプレナー大集結、地域活動家はコロナをどう乗り越えたのか ―ローカルアントレプレナーが挑んだ逆境からの会心の一撃、データで見るアジアのゲートウェイ九州 ―２０２３〜２０２５コロナ後の社会・経済を読み解く、ONE KYUSHU の未来像について、２０２４年１月には宮崎市にて、２０３０年の九州をメインテーマに、ライフスタイルとそれに伴う産業の変化、オープンシティとは？宮崎の視点から九州を考える、世界につながる地域を目指して、西のゴールデンルートに向けて、それぞれ議論しました。宮崎市のサミットでは、清山市長にも議論に積極的に参加頂くとともに、私にとっての九州とはと題して、多世代の皆さんに考えを披露して頂き、起業家や地域活動をしている皆さんに九州革命ピッチと題してお話を頂きました。

これまでは、政治・行政・経済におけるリーダーが集まって九州について議論する場所はありましたが、九州で既に何かにチャレンジしていたり、ONE KYUSHUという視座で活動している多様な担い手たちが一堂に会して、九州について話し合ったり活動する枠組みがありませんでした。ONE KYUSHUサミットは登壇者の皆さんだけでなく参加者の皆さんも一緒になって、地域への志を持って九州で活動するローカルプレイヤーたちを支援したり、それぞれの立場でONE KYUSHUの実現に取り組みを進めていくコミュニティとして大きな役割を果たしつつあります。

会長の村岡浩司さんは、「ONE KYUSHUサミットに集まる人たちが課題を解決していく役割を果たしていきます。地域課題の解決に資するようなアイデアや技術を持った人たちが、行政機能をハックしていく時代がやってきます。自治体単位の境目は曖昧になり、住民主体の利便性がこれから求められていくでしょう」と述べています。

私たちが思い描くONE KYUSHUは、国や行政といった統治機構の枠組み以上に、経済や文化、人の往来や関わりなどといった、より身近で生活に密着した活動やそれを支える環境こそが重要であると考えています。九州はひとつの島です。行政区域にとらわれずに生活圏をベースとした地域づくりや人の往来を加速させて、実質的なONE KYUSHUの構築を目指しています。ONE KYUSHUサミットを通じて、九州の最適解をみんなで考える機会にしたいと思います。私が九州経済連合会で関わってきた九州スマートリージョン構想は、知事会や経済界のトップを巻き込んだプロジェクトでトップダウン型の動きですが、ONE KYUSHUサミットは、思いと情熱のある人たちが自発的に動くボトムアップ型の動きといえます。社会システムを構想するに当たっては、その両方の視座から取り組みを進めて行くことが重要で、双方に関わっている私には橋渡しをする役割があると自負しています。

目指すべき未来像の具体化に向けて

先述の馬田隆明さんが、ガバナンスについて「関係者や関係するモノの相互作用を通して、法律（制度）や社会規範、市場、アーキテクチャなどを形成・変化させることで、効率・公正・安定的に社会や経済を治めようとするプロセス全般のこと」と述べています。１９８０年代以降は「市場中心アプローチ」によるガバナンスにより、政府の存在感が相対的に低くなり、多くの国で「小さな政府」が志向されて、公共機関にビジネス的な競争原理を導入して管理していこうとする､所謂「ニューパブリックマネジメント（ＮＰＭ）」の潮流が出てきました。１９９０年代以降は「社会中心アプローチと国家中心アプローチ」によるガバナンスが提唱されます。社会中心アプローチは、単一のアクターでは社会課題を解決できないという前提に立ち、「単一のガバメントから多種多様なガバナンスへ」「ヒエラルキーからネットワークへ」という考え方により、非営利組織や民間組織、さらには市民も参画することを目指すネットワーク型からコラボレーティブ（協調）型のガバナンスを志向します。一方の国家中心アプローチは、国家は単なる1つのアクターではなく、独自の重要性を持っているという立場が取られ、「市民社会を統治する組織」を統治すること、まさにメタレベルの役割を持つという考え方です。２０１０年代以降の「インタラクティブガバナンス」は、社会中心アプローチと国家中心アプローチの統合を図るべく提示されたもので、ガバナンスの主体は民間企業や市民社会へと移行し、相互作用を通して、社会や経済を自分たちの手でガバニングして行きます。一方で政府はメタガバナンスの役割を担いますが、ステークホルダーは政府のメタガバナンスのあり方を提案したり、変化を促したりすることができ、場合によってはどのような社会的目標に向かって進めるべきかを民間サイドが政府に対して提案し、社会の動きを牽引して行くこともできるとします。

先の道州制や我々が提言するモデレートな九州府は、ここでいう国家中心アプローチに該当するのではないかと思いますが、ここでご紹介した九州スマートリージョン構想やONE KYUSHU サミットでは、インタラクティブガバナンスの可能性についてお示しできたのではないかと思います。

アメリカのカリフォルニア州のギャビン・ニューサム知事は、著書「未来政府―プラットフォーム民主主義」で、テクノロジーが政府を強化するのではなく、トップダウン型の組織からボトムアップ型への組織、一方通行の階層性から双方向の民主制へ変える。連邦、州、地方の境界線が不分明になっていき、個人が自ら組織化し、地域社会の問題を処理していくこと、必要があれば政府を動かし自分たちのニーズに取り組ませることになり、画一的な制度は過去の遺物となると述べています。

新しいテクノロジーの進展は、技術的進歩に遅れをとっていた規制の妥当性や有効性を脅かしており、変化に対応するためのルールの枠組みは、多くの場合、先例に基づきません。行政サービスのデジタル化を始め、公共部門が変化に対して柔軟に対応できるようにする取り組みのインパクトと社会的有効性はもはや説明するまでもないでしょう。

社会では、技術革新、政治、国際情勢等を取り巻く様々な変化が急速に起こっています。公共部門ではこれらの変化に対応した新しいルールづくりなどの柔軟な対応が求められていますが、構造的な障壁などに阻まれてその体制も法整備も時代に追いついていません。結果として企業やイノベーターが時代にあわないルールに縛り付けられ、イノベーションや新たなビジネスチャンスが失われています。ガバナンス体制や規制手段をアップデートし、新しい時代に見合ったルールづくりなど変化への柔軟な対応が必要です。馬田隆明さんも述べていますが、世界ではよりインタラクティブで協調的なガバナンスや、新しいガバメントのあり方が盛んに議論されています。

目指すべき未来像を具体化するために、第一歩を共に踏み出しましょう。私たち一人ひとりがこの社会の担い手です。本書が、これから皆さんが「社会を変える旅に出る」ためのガイドになれば大変嬉しく思います。

おわりに

私がまだ20代の頃、図にあるような「『Team-Fukuoka』取り組みイメージ」という1枚のスライドを作成しました。そこには、「Team-Fukuoka は、各種プロジェクトにおいて政策や各種イベントなどの取り組みの企画立案を行うとともに、場合によってはステークホルダーとの連携などを通じて実施まで行う」と書かれています。今これを見れば、まるでＦＤＣを想定して書いているようにも見えるのですが、当時はまだＦＤＣは存在しておらず、私自身も東京で働いていました。このスライドを作成した時には、むしろＦＤＣで想定している以上に、九州の住民に向けて多様なステークホルダーとの連携を通じて政策を企画し実施することで、新たな九州（ONE KYUSHU）を実現しようとしていたようです。まさに、本書で提唱した「プルーラル・ネクサス・パラダイム」の原型となるようなスライドだなと思って見ています。

本書でご紹介した数々の取り組みを始めてから15年が経ちます。始めた当時は全く理

「Team-Fukuoka」取り組みイメージ

「Team-Fukuoka」は、各種プロジェクトにおいて政策や各種イベントなどの取り組みの企画立案を行うとともに、場合によってはステークホルダーとの連携などを通じて実施まで行う。

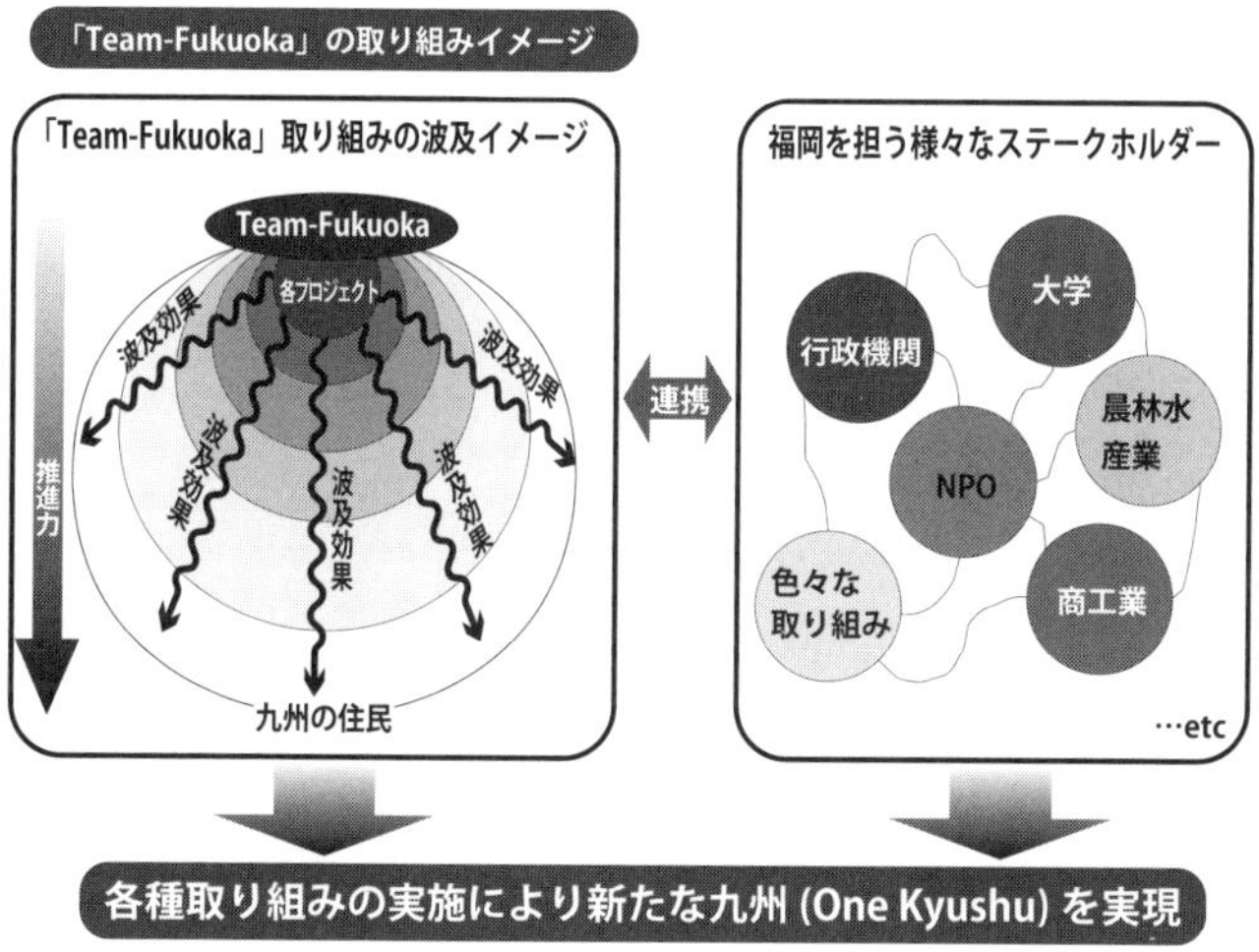

出所：筆者作成

解されず、多くの反対もありました。しかし、当時から応援し続けてくれた方もいらっしゃいます。その方々は、例外なく自らリスクを恐れずにチャレンジしてきた方々です。大義を持ち、夢を語り、未来を展望する。その必要性をこの15年ずっと感じ続け、そして走り続けてきました。本書が少しでも未来を良くしたいと願う方々の一歩を踏み出すきっかけになれば嬉しいです。

最後に、先述の『グレー

ト・ナラティブ「グレート・リセット」後の物語』の言葉をご紹介して終わりにしたいと思います。

①私たちは暗い未来ではなく、明るい未来を想像することができる。
②現在直面している課題には、歴史上の画期的な出来事に相当するようなものがある。
③果敢な行動は、環境的・社会的により持続可能な世界を目指すのに役立つ。
④新たなパラダイムに移行するには、過去のパラダイムを捨てる必要がある。

想像力を「問題と向き合い、対処する能力」と定義するなら、創造性、新しい考え方に対する寛容さ、理論に基づいた大規模な分析と、ビジネスや政策への応用を見込む必要がある。さもなければ、「実行なきビジョンや想像力は単なる幻想に過ぎない」ものとなる。今日、あらゆる人々が斬新で想像力に富んだ構想、製品、戦略を練り上げている。そして、新事業やスタートアップ、経済政策、巨大プロジェクトといった様々な形で未来を想像している。彼らの独創的なアイデアは人々の行動に影響を与え、ナラティブとなり、未来を構築するのに役立つモデルとなる。

私は、社会はたった一人の想いから変えていける、そう信じています。
皆さん一緒に「社会を変える旅」に出ましょう！

本書の出版に当たっては、多くの方々からご支援とご指導を頂きました。梓書院の前田司さんにご尽力頂いたことに御礼を申し上げたいと思います。本書の執筆に賛同及びサポートを頂いた、廣瀬みゆきさんをはじめ、九州大学地域政策デザインスクールや地域政策デザイナー養成講座の関係者の皆様。スクールと真剣に向き合ってくださった連携自治体の皆様。ヒアリングや取りまとめのサポートを頂いた佐々木恵美さん。また、モデレートな九州府を共に構想した笠由美子さん、岸原彩夏さん、櫛間嘉徳さん、中野広さん、三浦浩子さん、光武一さん。いつも私を応援してくださる九州大学、九州経済連合会、ＦＤＣをはじめとする関係者の皆様。

そして、いつも温かい目で新たなチャレンジを見守ってくださる、福岡市の高島宗一郎市長とＦＤＣの麻生泰会長に心から感謝を申し上げたいと思います。

ありがとうございました。

２０２５年1月　石丸 修平

《参　考》

・『未来を実装する―テクノロジーで社会を変革する４つの原則』（馬田隆明　英治出版）

・『地域に持続的な経済成長をもたらすための人材活用等に関する調査』（九州経済産業局）

・『クリティカル・ビジネス・パラダイム ―社会運動とビジネスの交わるところ』（山口周　プレジデント社）

・『グレート・ナラティブ「グレート・リセット」後の物語』（クラウス・シュワブ／ティエリ・マルレ　日経ＢＰ）

・『福岡地域における知識創造と知識経済に関する基礎調査研究報告』（国際知識経済都市会議実行委員会、財団法人福岡アジア都市研究所）

・『産学官民が一体となった「地方創生」の可能性 ―「福岡地域戦略推進協議会（Fukuoka D.C.）」をケースに―』（福岡アジア都市研究所 都市政策研究 第16号　石丸修平）

・『産学官民連携による都市創造に向けて』（公益財団法人都市計画協会「新都市」２０２２年5月号　石丸修平）

・FUKUOKA GROWTH NEXT パンフレット（２０２４年）

・九州発ジャパン・エボリューションファンドの設立について（ＭＣＰ）

・福証第三の市場開設に向けた準備の開始について～プロ投資家向け市場の準備開始～（福証）

・Fukuoka TRC フィージビリティスタディの実施について（福証）
・『資産運用立国実現プラン』（金融庁　２０２３年12月13日）
・『金融・資産運用特区実現パッケージ』（金融庁　２０２４年６月４日）
・『ＦＤＣ都市再生部会イノベーション都市視察報告書』（ＦＤＣ事務局）
・『ＦＤＣ専門家委員会報告書』（ＦＤＣ事務局）
・『私たちはどこまで資本主義に従うのか ―市場経済には「第３の柱」が必要である』（ヘンリー・ミンツバーグ　ダイヤモンド社）
・一般社団法人 Future Center Alliance Japan ホームページ
・２０１０年度 地域政策デザイナー養成講座提言（九州大学セミナー）
・２０１１年度 地域政策デザイナー養成講座提言（九州大学セミナー）
・『不安な個人、たちすくむ国家～モデル無き時代をどう前向きに生き抜くか～』（経済産業省次官・若手プロジェクト　２０１７年5月）
・Agile50 - The World's50 Most Influential People Navigating Disruption（apolitical）
・日本から４名受賞！ Agile50: 公共部門を変革する最も影響力のある50人（世界経済フォーラム第四次産業革命日本センター note ２０２０年12月10日）
・２０２１年度「Agile50（アジャイル50）」、日本から２名が受賞！（世界経済フォーラム第四次

産業革命日本センター note ２０２１年11月２日）
・『社会的課題解決のためのミッション志向型科学技術イノベーション政策の動向と課題』（国立研究開発法人科学技術振興機構研究開発戦略センター）
・九経連（１９６１～２０２１）60年の歩み
・九州地方知事会ホームページ
・第28次地方制度調査会「道州制の在り方に関する答申」
・九州将来ビジョン２０３０（九経連）
・九州防災ＤＸタスクフォース
・九州 MaaS グランドデザイン
・九州運輸局「全国初となる新モビリティサービス事業計画認定について」
・『スマートかつ強靭な地域経済社会の実現に向けた研究会取りまとめ』（経済産業省　２０２１年６月）
・『未来政府―プラットフォーム民主主義』（ギャビン・ニューサム　東洋経済新報社）

【著　者】
石丸 修平（いしまる しゅうへい）
九州大学科学技術イノベーション政策教育研究センター　客員教授

経済産業省、プライスウォーターハウスクーパース（PwC）等を経て、2015 年 4 月より福岡地域戦略推進協議会（FDC）事務局長。

アビスパ福岡アドバイザリーボード（経営諮問委員会）委員長、九州大学科学技術イノベーション政策教育研究センター（CSTIPS）客員教授、九州大学地域政策デザインスクール理事、Future Center Alliancc Japan（FCAJ）理事、九州経済連合会規制改革推進部会長等を歴任。中央省庁や地方自治体の委員など公職も多数務める。

著書に『超成長都市「福岡」の秘密 世界が注目するイノベーションの仕組み』（日本経済新聞出版）。

2021 年 10 月、世界経済フォーラムと国際官民連携ネットワークによる Agile50（公共部門においてイノベーションを推進し、世界からガバナンスに変革を起こしているリーダー）として、「破壊的変革を導く世界で最も影響力のある 50 人」に選出される。

社会《しゃかい》を変《か》える旅《たび》に出《で》よう
地《ち》域《いき》政《せい》策《さく》デザインが創《つく》り出《だ》す新《あら》たな未《み》来《らい》

令和 7 年 2 月 25 日 初版発行

著　者　**石 丸 修 平**
発行者　田 村 志 朗
発行所　㈱ 梓 書 院
〒 812-0044 福岡市博多区千代 3-2-1
tel 092-643-7075　fax 092-643-7095

印刷製本　シナノ書籍印刷㈱

ISBN978-4-87035-822-5